J.R. MASCARO

SELOS
SIGILOS &
INVOCAÇÕES

UMA NOVA ABORDAGEM PARA A MAGIA RITUAL

NOVA SENDA

SELOS, SIGILOS E INVOCAÇÕES
Traduzido de: *Seal, Sigil & Call: A New Approach to Ritual Magic*
Direitos autorais © 2022 J. R. Mascaro | Publicado por Llewellyn Publications
Woodbury, MN 55125 EUA | www.llewellyn.com
© 2023 Editora Nova Senda

Tradução: Renan Papale
Revisão: Luciana Papale
Diagramação: Décio Lopes
Ilustrações: Departamento de Arte de Llewellyn
(conceitos originais desenvolvidos pelo autor)

DADOS INTERNACIONAIS DE CATALOGAÇÃO NA PUBLICAÇÃO (CIP)
Angélica Ilacqua CRB-8/7057

Mascaro, J. R.

Selos, sigilos e invocações: uma nova abordagem para a magia ritual / J. R. Mascaro; Tradução de Renan Papale. São Paulo: Editora Nova Senda, 2024. 2ª edição.
192 páginas: il.

ISBN 978-65-87720-23-4
Título original: *Seal, Sigil & Call: A New Approach to Ritual Magic*
1. Esoterismo   2. Magia   3. Escrita mágica   I. Título

23-3961   CDD 133.43

Índices para catálogo sistemático:
1. Magia e feitiçaria   133.43

Proibida a reprodução total ou parcial desta obra, de qualquer forma ou por qualquer meio, seja eletrônico ou mecânico, inclusive por meio de processos xerográficos, incluindo ainda o uso da internet sem a permissão expressa da Editora Nova Senda, na pessoa de seu editor (Lei nº 9.610, de 19/02/1998).

Direitos de publicação no Brasil reservados para Editora Nova Senda.

Prefácio... 9
Introdução 13
    Terminologia única do Sistema............................16
    Como usar este Livro 17

Capítulo 1: Estabelecendo os Pilares 19
    Mantendo seu próprio Grimório 19
    Estabelecendo um Paradigma Operacional..................21

Capítulo 2: Energia 27
    Sistemas de duas Energias 28
    Achando o Centro..30
    Recordando sua Jornada..................................49

Capítulo 3: Chamando os Quadrantes 51
    O Ritual Menor de Banimento do Pentagrama..............52
    Invocação dos Elementais 56

Capítulo 4: Preparando-se para o Contato 63
    Uma Observação sobre as Ferramentas.....................64
    O Cetro Mágico..64
    O Cetro de Artifício 67
    Como criar uma Cifra...................................69
    O Círculo de Ascensão Concêntrica.......................72

Capítulo 5: Selo, Sigilo e Invocações.....................77
   Sobre o Contato com os Eidolons............................77
   O Exército Interno da Arca..................................82
   O Primeiro Eidolon..85
   O Segundo Eidolon..88
   O Terceiro Eidolon..91
   O Quarto Eidolon...94
   O Quinto Eidolon...96
   O Sexto Eidolon..98
   O Sétimo Eidolon... 100
   O Oitavo Eidolon... 102
   O Nono Eidolon 104
   O Décimo Eidolon 106
   O Décimo Primeiro Eidolon................................ 108
   O Décimo Segundo Eidolon 111
   O Décimo Terceiro Eidolon................................. 113
   O Décimo Quarto Eidolon.................................. 115
   O Décimo Quinto Eidolon.................................. 117
   O Décimo Sexto Eidolon 119
   O Décimo Sétimo Eidolon.................................. 121
   O Décimo Oitavo Eidolon 123
   Utilização de Registros de Eidolons 125

Capítulo 6: Manutenção e Expansão de sua Prática.........131
   Aprofundando sua Base Meditativa 132
   Construindo um Templo da Mente 133
   Trabalhando Além do Pilar do Meio 135
   Expansão da sua Arca através
   da Iluminação de Eidolons................................ 138
   Compartilhamento de Iluminações 139
   Como Encontrar um Guia................................. 141
   Incorporação de Eidolons em sua Vida 142

Capítulo 7: Vivendo como um Mago 145
A Transmutação do Mago 146
Buscando a Eternidade.................................. 148
Meu Paradigma Pessoal 150
E Agora? 152
Criando Insígnias 154
Criando Rituais 158
Definindo sua prática 166
Uso de Mantras 168

Capítulo 8: Técnicas para o Praticante Avançado 173
Estabelecendo uma Assembleia........................... 174
Criando Portais 176
Ressonância Tonal...................................... 178
Meditação Auditiva..................................... 181
Canalização de Eidolons................................ 184

Conclusão: Continuando sua Jornada Pessoal 187
Bibliografia...191

PREFÁCIO

Atualmente, há muitos livros sendo escritos e publicados sobre o tema da magia, especificamente sobre o tipo de magia que é acessível e passível de ser usada rapidamente. A maioria deles se baseia nas práticas tradicionais da Golden Dawn ou em alguma variação desse tema. Poucos deles são inovadores ou de vanguarda na forma como se apresentam ao buscador: um sistema de magia que é fácil de adquirir e não requer a compra de muito material.

Isso era verdade até o lançamento desta obra.

Este é um livro diferente de qualquer outro que você possa querer adquirir. Ele é inovador, mas não despreza outras Tradições; é de vanguarda sem ser muito moderno ou atolado em tecnologia ocultista excessiva. É um sistema de magia único, cujos requisitos são mente aberta, imaginação fértil, capacidade de visualização interior e uma prática básica de meditação. *Selo, Sigilos e Invocações* traz uma forma transcendental particular de magia para a era pós-moderna.

J. R. nasceu em uma pequena cidade no nordeste de Nova Jersey e foi criado por uma mãe talentosa, inteligente e de mente aberta. Sofreu por muito tempo de TDAH, mas por ser uma criança inteligente e precoce, descobriu a meditação ainda jovem e, sozinho, encontrou meios para controlar sua natureza impulsiva e sua incapacidade de se concentrar. J. R. foi uma criança sonhadora, que via o mundo como se fosse uma apresentação teatral, em que as ocorrências do dia a dia eram um tanto irreais ou alegóricas. Provavelmente, ele fazia o tipo de perguntas que não deveriam ser feitas ou que não podiam ser respondidas prontamente.

Assim, desde cedo começou sua busca pela verdade espiritual e por respostas para suas intermináveis perguntas.

Embora seus anos na escola parecessem ter sido desperdiçados (e irrelevantes), ele teve seu grande despertar intelectual ao frequentar a universidade, onde conseguiu se destacar, graduando-se com um bacharelado em Antropologia. Quando chegou a hora de entrar para o mercado de trabalho, Mascaro usou seu talento para aprender sozinho programação de computadores, dentre outros assuntos, o suficiente para conseguir um emprego. Depois disso, fez carreira em TI.

Durante todo esse tempo, J. R. estava acumulando conhecimento e experiência nas artes e ciências ocultas. Amigável e de mente aberta, ele não se juntou a nenhuma ordem ou grupo tradicional, pois encontrou tudo o que precisava em uma infinidade de livros e em sua experimentação contínua. A abordagem de Mascaro em seus estudos sobre o ocultismo era a de examinar profundamente várias disciplinas e encontrar pontos em comum entre elas, determinando por si mesmo a sua verdadeira pedra angular e incorporando-a em seu trabalho.

Como a meditação era sua primeira e principal disciplina, ele usou essa prática como base para desenvolver um sistema sintético e híbrido de magia. J. R. tem um ceticismo inerente sobre todas as coisas e precisa trazer um assunto ou uma técnica para sua esfera pessoal no intuito de garantir que ela seja factual e útil na prática. Esse tipo de aplicação e experimentação foi incluído em seu livro, de modo que, o que ele apresenta aqui, será de uso prático para o buscador da magia.

O livro *Selo, Sigilos e Invocações* usa um mecanismo duplo, que visa trazer o mundo da magia de forma rápida e direta para o buscador. O primeiro mecanismo é aquele em que os pontos de poder do corpo são energizados e centralizados. Em seguida, o Espaço Sagrado é limpo e fortalecido com o poder dos elementais. O segundo mecanismo usa uma versão simplificada da evocação para chamar e materializar uma entidade espiritual conhecida pelo nome de *eidolon*. O mediador de ambos os mecanismos é o "Cetro de Artifício", uma ferramenta que representa um poderoso dispositivo conceitual conhecido como "Cetro Mágico", uma insígnia, como se fosse um emblema da vontade projetada de alguém.

Os *eidolons* são o núcleo constituinte do sistema de magia de J. R. e, embora não tenham nome, seu selo e suas qualidades representam inteligências arquetípicas encontradas em quase todas as Tradições. Por exemplo, o *primeiro eidolon* é uma reminiscência do Deus Pagão Baco, ou Dioniso. Ainda assim, cabe ao operador que adota este sistema de magia encontrar os nomes pessoais e derivar os sigilos para essas entidades. Embora Mascaro tenha presenteado o leitor com dezoito desses *eidolons* de sua prática pessoal, há um número ilimitado desses seres disponíveis para o operador construir um poderoso sistema de magia, fundamentado tanto em uma base de energia quanto em um recipiente ou "arca" de espíritos.

O autor descreve passo a passo o que são os dezoito *eidolons* fundamentais e os métodos para contatá-los, invocá-los e como se preparar para ouvir suas respostas. Esse é um sistema com possibilidades ilimitadas a serem adquiridas e desenvolvidas pelo buscador da magia. É um tipo de sistema mágico de "código aberto", que convida o adepto à magia a criar seu próprio sistema personalizado.

Este livro foi escrito para os leitores interessados em magia, mas que não se sentem à vontade com as obras escritas por Magos Cerimoniais Tradicionais. Esses buscadores provavelmente se sentem impacientes com as doutrinas e o ritmo lento encontrado nas lojas de magia tradicionais. O autodidata, experienciador e prático, que ainda não domina um sistema de magia, achará este livro muito importante, pois ele corta todas as afirmações desnecessárias, hiperbólicas e políticas pessoais para revelar o que é realmente essencial e fundamental para a prática da magia.

J. R. revela sua natureza compassiva ao longo deste livro e mostra seu simples desejo de ajudar outras pessoas a alcançarem o que ele obteve ao longo de muitos anos de estudo e experimentos. Recomendo que aqueles que se sentirem desencorajados ou afastados pela propaganda enganosa da mídia, associada a várias personalidades e Tradições na prática atual da magia, encontrem neste livro a verdade pura e rarefeita para construir seu próprio sistema mágico, que os ajudará a alcançar um estado final de realização material e espiritual e talvez até mesmo a transcendência espiritual.

— *Frater Barrabbas*

INTRODUÇÃO

Desde que me lembro, durante toda a minha vida e um pouco mais, tenho procurado a chave para os mistérios. Já me debrucei sobre mais livros do que posso enumerar ou nomear, muitos deles há muito tempo esgotados e retirados das prateleiras empoeiradas de pequenas livrarias. Sentei-me com outros buscadores e explorei caminhos esotéricos de rituais e cerimônias. Vi muita coisa que não consigo expressar em palavras, mas o que consigo articular, tentarei compartilhar neste livro.

Logo no início de minha busca, ainda criança, percebi que eu processava as informações de forma diferente de meus colegas. Essa neurodiversidade, diagnosticada de forma díspar ao longo de minha vida, mostraria ser algo útil, mas também prejudicial. Por um lado, um pensamento não linear me ajudou a juntar as coisas que eu lembrava e percebia fora dos limites temporais de minha existência encarnada. Essas lembranças e percepções fizeram com que eu lesse em nível universitário desde muito cedo e me levaram a investigar assuntos aos quais eu não havia sido apresentado nesta vida. Eu estava, e estou, dando continuidade a um trabalho iniciado antes desta encarnação. No entanto, por outro lado, essa maneira de receber e processar informações dificultou a minha orientação no tempo e tornou mais difícil manter minha memória de curto prazo em ordem. Isso acontece quando estou ocupado com as muitas coisas que percebo além do mundo físico diante dos meus olhos humanos. Além disso, sempre tive a noção de que o mundo em que nos encontramos é uma espécie de "show de marionetes", que cada um de nossos corpos é apenas um receptor para nossa consciência e que, juntos, criamos essa realidade onírica por meio de algum tipo de narrativa colaborativa. Essa crença inata tornou contraintuitiva a aceitação de explicações materialistas para certos fenômenos.

Devido a essa falta de inclinação para a arregimentação e o desprezo pelas armadilhas do mundo físico, achei que muitas escolas de Magia Cerimonial eram muito estereotipadas e, muitas vezes, confinadas pelas sensibilidades das épocas que as geraram ou interpretaram. Havia muita ênfase na aquisição de reagentes físicos ou na memorização de encantamentos exatos. Lutando contra essas preocupações com as condições externas, procurei traçar meu próprio caminho para algum fragmento da Gnose. Como o poeta japonês do século 17, Matsuo Basho, disse certa vez: "Não siga simplesmente os passos dos antigos; busque o que eles buscaram".

Com esse espírito de autoiluminação, rapidamente me vi fora dos trilhos das escolas místicas às quais havia sido exposto. Tive o privilégio de aprender muitas modalidades com um conjunto eclético de professores generosos, porém, tenho um desejo intrínseco de viajar que me torna incapaz de me limitar a uma única abordagem de descobertas. Devido a isso, comecei a desenvolver um método sincrético do esoterismo, uma Tradição pessoal que incorporava os elementos mais enriquecedores e ressonantes para mim mesmo das várias escolas às quais eu havia sido exposto. Isso acabaria se unindo ao sistema que você agora tem em suas mãos, ao qual me refiro como *paneidolismo*. Essa prática recebeu esse nome, porque gira em torno da detecção e da comunicação com inteligências não físicas conhecidas como *eidolons*, que estão presentes ao nosso redor o tempo todo. Assim, esta prática é uma forma de "Bruxaria" no sentido tradicional da palavra, na medida em que lida principalmente com a comunicação com seres energéticos.

Para apresentar algumas condições básicas de operação desta prática, farei várias afirmações que o incentivará a se envolver à medida que for praticando os exercícios deste livro e tirando suas próprias conclusões. São afirmações de nível básico, que é a consciência da realidade com a qual nos envolvemos em um nível que não podemos compreender. A natureza de cada ser senciente é a de uma consciência eterna e autossuficiente, que existe independentemente da matéria física. Essa realidade contém padrões que podem ser observados, influenciados e seguidos se a pessoa aprender a abrir sua consciência para eles. O pensamento é o principal agente de mudança na existência, e a vontade é o pensamento investido de direção e propósito. "Magia" é o nome da técnica por meio da qual podemos aplicar nossa vontade à estrutura metafísica da existência. Para nos ajudar na execução de nossa vontade, podemos contar com a ajuda de formas-pensamento não físicas que existem dentro e/ou fora de nós, conhecidas como *eidolons*.

A magia deve ser usada para o bem do coletivo, a vasta rede de seres da qual todos nós participamos. Da mesma maneira, a magia nunca deve ser usada para prejudicar outros seres emocional ou fisicamente, nem para oprimir, escravizar ou subjugar. O efeito positivo sobre o bem coletivo pode ser realizado por meio da ajuda direta aos necessitados neste meio, do trabalho para desmantelar a injustiça onde quer que ela resida, do envolvimento com os padrões harmoniosos do multiverso e com as tarefas para as quais eles podem levá-lo. Essas tarefas geralmente incluem a interação com entidades conceituais, conhecidas como "Vestígios", e a estagnação do sistema energético, chamada de "bloqueios". A meta total do Mago aqui na Terra é transcender para uma modalidade mais elevada de discernimento, a fim de se envolver plenamente com o trabalho da magia, além dos grilhões dos sentidos físicos, e ainda compreender mais profundamente a natureza do multiverso consciente. Este livro tem como objetivo servir de balcão para orientar a fomentação de uma mentalidade propícia à prática esotérica, a criação de rituais e, por fim, a fazer contatos bem-sucedidos com grupos de *eidolons* a que me refiro como "Exército Interno". Isso é feito por meio do incentivo para que você se envolva com suas próprias pressuposições sobre a realidade, nutra uma mentalidade receptiva e sintonizada e desenvolva sua própria prática de magia ritual. É importante observar que este livro pretende incentivá-lo a cultivar sua própria abordagem na medida em que for progredindo nele, e que ele não se destina a ser tomado de forma dogmática. A prática aqui aplicada será útil se você estiver buscando uma estrutura para desenvolver sua própria prática mágica, sem se prender a requisitos excessivamente restritivos ou sufocantes. Explore, experimente e descubra à vontade.

O livro foi projetado para levá-lo de um neófito neste sistema (o que, em virtude de ser a primeira obra sobre *paneidolismo*, é provável que seja), a um mago praticante que usa as ferramentas aqui apresentadas. Exercícios comuns obtidos de modalidades esotéricas amplamente difundidas vão apresentá-lo aos conceitos de energia e consciência centrada e, a partir daí, avançar rapidamente para as práticas exclusivas dessa busca. Estas práticas incluem aprender a entrar em contato com os dezoito *eidolons* especificados neste livro e, talvez o mais importante, aprender a ouvir a sinfonia única da existência para discernir a presença de infinitos *eidolons* ainda não especificados.

Terminologia única do Sistema

Nas páginas a seguir, você vai interagir com novos termos, bem como com termos familiares que podem ter mudado no contexto deste trabalho. Para evitar confusão, apresento uma pequena lista de termos que vão ajudá-lo a navegar pelos capítulos seguintes:

Arca: coleção geral de entradas de *eidolon* em seu livro. Trata-se da lista de *eidolons* com os quais você fez contato ou aqueles que está começando a tomar conhecimento.

Cetro de Artifício: um ponto físico de ancoragem para o Cetro Mágico.

Cetro Mágico: uma ferramenta de pensamento e visualização para direcionar o foco da vontade taumatúrgica.

Eidolon: forma ou pensamento livre, que pode ser interpretada como uma manifestação do seu próprio subconsciente ou como uma inteligência independente, externamente existente, que habita uma dimensão não física.

Exército Externo: são todos os *eidolons* da Arca de um Mago, inclusive os dezoito *eidolons* do Exército Interno.

Exército Interno: são os dezoito *eidolons* contidos neste livro. Recomendados a todos os Magos, cujas práticas, ainda que vagamente, baseiam-se nas técnicas encontradas nesta obra.

Grimório: livro no qual você mantém todas as anotações sobre seu trabalho mágico, bem como sua Arca, que é sua coleção de *eidolons*.

Insígnia: análogo a um feitiço, uma insígnia é assim chamada por ser um marcador de um acordo feito com um *eidolon*; é também um gatilho para evocar um determinado efeito.

Nove Portais: são os portais filosóficos pelos quais um Mago deve passar no Ritual de Definição de Intenção contido neste livro, o Círculo de Ascensão Concêntrica. Representam os quatro elementos materiais: Ar, Fogo, Água e Terra; os quatro elementos imateriais: luz, escuridão, vida e morte, e o elemento quintessencial que a tudo anima: o Espírito.

Portal: um portal é um padrão usado para criar e manter um efeito duradouro em um espaço ou objeto.

Portal do Octadecágono: portal filosófico presidido pelo décimo *oitavo eidolon*. A passagem por ele representa um magista começando a trabalhar com novos *eidolons* descobertos por ele mesmo.

Como usar este Livro

O objetivo deste livro é, além de oferecer um conteúdo teórico, fazer com que o leitor coloque em prática os exercícios nele contidos. Pode ser benéfico ler todo o livro primeiro, de capa a capa, para entender a jornada e os conceitos contidos nele antes de começar novamente e executar as técnicas ao longo de um ano ou mais. Cabe a você decidir se deseja ser pré-informado ou se prefere ir descobrindo pouco a pouco sobre o tema no decorrer de sua exploração.

Na primeira metade do livro, do capítulo 1 ao 5, serão apresentados os elementos fundamentais sobre os quais o leitor pode construir uma prática completa. Nestas páginas, discutiremos energia, intenção e a técnica usada para trabalhar com *eidolons*, que define o núcleo do *paneidolismo*.

Do capítulo 6 ao 8, a segunda metade do livro, discutiremos o aprofundamento das práticas introduzidas anteriormente, aprendendo a criar suas próprias técnicas e rituais para uso diário e o trabalho avançado que deve ser realizado após um tempo como praticante consistente.

CAPÍTULO 1

ESTABELECENDO OS PILARES

Você está prestes a embarcar em uma jornada rumo ao desconhecido, uma trajetória que espero que seja enriquecedora. Minha meta é fornecer um substrato fértil para que cultive a terraformação de seu próprio mundo interior. Antes de iniciar esta jornada, reserve um diário para registrar suas descobertas e um mapa para se orientar nos estranhos novos mundos que poderá encontrar. O diário é o seu grimório, e o mapa é a estrela do norte pela qual você encontrará seu caminho em meio a vários dilemas filosóficos; é o seu paradigma operacional.

Mantendo seu próprio Grimório

Em primeiro lugar e, acima de tudo, este livro não existe simplesmente para ser lido. Seu objetivo é ajudá-lo na criação de seu próprio livro, um grimório no qual você manterá suas anotações sobre o sistema *paneidólico*, que será apresentado aqui e depois expandido à medida que sua própria prática for desenvolvida com base nos fundamentos fornecidos. Embora seu grimório possa ser qualquer caderno em branco, é recomendável que invista no exemplar mais resistente que puder encontrar. O objetivo é que ele dure literalmente uma vida inteira. De fato, em sua busca pelo trabalho, você poderá preencher muitos desses grimórios. A sugestão é usar um diário de tamanho A5, com capa dura e papel grosso pontilhado de 120 g. Estes parâmetros alcançam um equilíbrio entre portabilidade e espaço de escrita e evitam o sangramento da tinta. As páginas pontilhadas são igualmente adequadas para escrever e desenhar com precisão, elas são superiores ao papel em branco ou pautado para os propósitos do trabalho. Como instrumentos de escrita, vários pesos de canetas de tinta de arquivo são sugeridos para evitar o desbotamento com o passar dos anos. Para o trabalho com selos e sigilos, recomenda-se desenhar levemente a lápis primeiro e depois pintar o trabalho com tinta quando considerá-lo satisfatório. Uma seleção de ferramentas básicas de geometria também o ajudará aqui. As mais úteis são a régua, o compasso e o transferidor.

Seu caderno pode ser chamado de muitas coisas. Tradições variadas podem se referir a esse livro como um "tomo", um "Livro das Sombras" ou um "Grimório", entre muitos outros termos especializados. Uma das primeiras coisas que se deve internalizar é a subjetividade inerente à magia. Não existe um único caminho "verdadeiro" para o Mago, nem um único título ou caixa de ferramentas "corretos". Há muitos caminhos e tradições que buscam a gnose, e as verdades universais não são limitadas pela classificação linguística. Nas palavras de Khalil Gibran: "Não diga: 'eu encontrei *a* verdade'. Mas, sim: 'eu encontrei *uma* verdade'."[1] Você é livre para chamar seu livro de trabalho do que quiser; simplesmente certifique-se de cuidar dele.

À medida que for avançando nas metodologias apresentadas, será de grande valia fazer anotações, não apenas sobre os conceitos e exercícios apresentados, mas também sobre suas reflexões e perguntas sobre eles. Quase todos os conceitos que você encontrar podem ser pesquisados mais a fundo, e é altamente recomendável que faça isso. Depois de concluir os exercícios, o ideal é voltar ao livro e anotar os sentimentos, as sensações, os pensamentos e as inspirações obtidos por meio deles. Seu livro também pode ser usado para registrar suas meditações, sonhos ou qualquer outra prática em que se envolva para buscar uma consciência mais elevada ou tranquilidade interior.

---

1. Gibran, *The Prophet*, 55

Estabelecendo um Paradigma Operacional

Depois de selecionar e ter em mãos o seu livro de trabalho, metade do caminho para começar as tarefas estabelecidas nas páginas anteriores já foi cumprida, mas antes disso, é vital ter uma base filosófica que forneça uma estrutura ou um olhar por meio da qual entenda como essas experiências virão. Esse é o seu paradigma operacional.

Um paradigma operacional é o núcleo de sua prática. Ele responde a perguntas como "Como defino a magia?" e "Por que estou me dedicando a esse trabalho?" Um paradigma operacional é nada menos do que a suposição sobre a qual toda a sua prática se sustenta; você não pode praticar deliberadamente a Arte da Magia se não puder definir por si mesmo o que ela é e por que está engajado nela. Na magia, a intenção é tudo e a vontade é a única ferramenta necessária. Toda matéria e energia é ligada basicamente pelo pensamento, e a vontade é o pensamento que recebe uma direção intencional. Para ter intenção em relação a algo, é preciso ter uma noção desse algo; uma visão clara em sua mente na qual possa se concentrar.

O que é magia para você? Como você a define? Há muitas escolas de pensamento a se explorar para chegar a essas respostas, mas é melhor começar com uma distinção simples. A partir daí, você será incentivado a explorar mais e anotar suas conclusões em seu grimório. A primeira distinção que deve fazer é saber se as forças com as quais estará envolvido durante a prática mágica são internas ou externas.

Definir uma prática mágica como INTERNA é afirmar que acredita que as forças com as quais está se envolvendo durante seu trabalho são de natureza metafórica. É afirmar que essas inteligências são facetas de sua própria mente subconsciente ou inconsciente. Elas são formas de pensamento alegóricas que você usará para organizar seus pensamentos, realizar seu potencial pessoal e obter domínio sobre si mesmo.

Por outro lado, definir uma prática mágica como EXTERNA é afirmar que acredita que as forças com as quais está se envolvendo durante seu trabalho são de natureza metafísica e que são entidades existentes reais, que operam em um plano, ou planos, fora da visão humana padrão.

Como acontece muito na magia, as linhas entre essas duas abordagens não precisam ser sólidas. A magia se sente à vontade nas fronteiras e não é incomum ver as forças com as quais você trabalha como EXTERNAS, conectadas ao seu eu mais profundo. De fato, você pode decidir que a separação entre as entidades é, por si só, ilusória.

Reflita sobre sua definição de magia. De onde você acredita que ela deriva sua eficácia, da reflexão interior ou de forças externas? Anote seus pensamentos sobre isso em seu grimório e reflita se talvez eles possam mudar depois de você se envolver nos exercícios da primeira seção deste livro. As práticas que adotamos aqui não têm a intenção de serem dogmáticas ou rígidas. Suas definições e suposições mudarão. Elas crescerão à medida que você crescer. Ao progredir em seu caminho pessoal como magista, você testará hipóteses, desenvolverá metodologias anteriores e participará do ciclo metafórico de morte e renascimento – a morte e o renascimento do ego. Como uma serpente, você se livrará da casca opaca de velhas ideias e irá expor o brilho de novos pensamentos e experiências. Não se apegue tanto às suas práticas a ponto de não conseguir seguir em frente quando elas não lhe servirem mais. O apego é a âncora que afoga a ascensão.

A próxima pergunta que você deve se esforçar a responder é: por que você deseja se dedicar à Arte da Magia?" Considere saber por que você comprou, pegou emprestado ou adquiriu este livro? O que você acredita que a magia pode alcançar para si mesmo? Assim como a primeira pergunta, é possível passar o resto da vida respondendo essas questões, pois elas mudam e crescem à medida que *você* muda e cresce. No entanto, é melhor estabelecer uma linha de base a partir daqui, como acabou de fazer com a primeira pergunta. Mais uma vez, uma das poucas abordagens gerais será tratada aqui e vai determinar qual delas se aplica a seu interesse. Você está praticando para melhorar, capacitar ou investigar?

Aqueles que praticam para melhorar buscam o trabalho para um autoenriquecimento de natureza espiritual. Eles desejam se tornar o melhor de si mesmos e avançar no caminho para um estado de ser mais elevado. Este é o que podemos considerar como o caminho mais elevado e é o mais incentivado por este sistema.

Já os que praticam para se capacitar desejam impor sua vontade no mundo ao seu redor. Eles desejam usar a arte para melhorar sua situação material ou moldar o mundo de uma forma que os agrade. Isso não é inerentemente inadequado, pois às vezes os seres físicos precisam de ajuda para pagar o aluguel, mas pode rapidamente se tornar perigoso se for abusivo. Se esse for o seu motivo, lembre-se de que deve fazer sua vontade com muito cuidado. A magia que vem de um lugar de avareza perpetua uma mentalidade que acorrenta o magista ao sofrimento do mundo material por toda eternidade. É de extrema importância lembrar-se de que a arte deve ser praticada para o bem. Faça o bem quando e onde puder e, se não conseguir fazê-lo, pelo menos não prejudique a nada nem a ninguém.

Aqueles que praticam para investigação adotam a visão de *Ars Gratia Artis* ("Arte pela Arte") e praticam por meio de um grande desejo de descobrir quais segredos e revelações a Arte da Magia guarda para eles. Pode-se argumentar que esses praticantes realmente praticam para melhorar e ainda não sabem disso. A manifestação da curiosidade mágica pode ser a expressão de um desejo interno de crescimento transcendental.

A maioria dos praticantes geralmente consegue identificar uma ou mais dessas motivações em si mesmos. Reflita sobre seu motivo para buscar a magia. Qual é a origem de sua vontade de dominar a Arte? Anote seus pensamentos sobre isso em seu grimório e reflita se eles mudam depois de se envolver nos exercícios da primeira seção deste livro.

É importante entender: qual é o motivo que está levando você a buscar a Grande Obra que é a magia? As portas que for abrir em sua jornada podem ser difíceis, às vezes quase impossíveis, de fechar. Você será exposto a ideias e entidades que tendem a revelar coisas que podem ser transformadoras para sua experiência de consciência. Uma vez que tenha vislumbrado o mecanismo da existência, as revoluções dele sempre estarão por trás de seus olhos. Depois de provar o néctar da compreensão, todos os outros alimentos podem ser como cinzas em sua boca. Não empreenda a jornada do feiticeiro levianamente. Saiba o motivo de estar embarcando.

Este é um bom lugar para falar sobre a noção de estabelecer uma prática compassiva. É importante entender que a magia é algo que você realiza por si mesmo e, como tal, influencia sua vida da maneira que ordenar. Isso quer dizer que, se praticar com má intenção, receberá má intenção e, se praticar com beneficência, também desfrutará de algo semelhante. À medida que avançar por estas páginas, noções da natureza infinita do eu e da interconexão de todas as consciências poderão ser encontradas. Por meio da magia, sua vontade pode se manifestar. Quando isso é dito, você cria, e o que cria para os outros, cria para si mesmo. O inverso também é verdadeiro. Por isso, é fundamental tratar a si mesmo e aos outros com compaixão. Também é fundamental entender o princípio da autossoberania, que afirma que todas as criaturas sapientes são sagradas e invioláveis, pois são as únicas promotoras de sua vontade. Nunca tente impor sua própria vontade aos outros por meio do uso da Alta Arte da Magia. Tais ações têm um fim calamitoso. Em vez disso, nós, magistas, devemos sempre nos esforçar para trabalhar em prol do bem maior para todos.

Como em qualquer exercício de poder, o uso da Grande Arte da Magia exige responsabilidade em sua prática. Seria negligente não falar sobre isso antes de prosseguir com a iluminação da natureza dos *eidolons*. A magia não é, como a eletricidade, uma força insensível a ser canalizada indiscriminadamente, sem vontade própria. A magia é de vontade; a magia *é* a vontade. É uma arte usada para acessar uma força que permeia todas as coisas – uma consciência própria muito além da manifestação singular. Sabendo disso, também devemos entender que a magia está além do ódio. Considerando que a magia está em todas as coisas, e que tudo contém magia, claramente ela só pode ser benéfica a todas as coisas. Desta forma, a magia não deve ser usada para destruir ou prejudicar qualquer outra coisa que possua senciência. Nessa aplicação, consideramos a revogação da vontade como equivalente ao dano. Além disso, a magia deve ser praticada para o bem maior sempre que possível. Simplificando, sempre que puder, pratique magia para o bem de todos. Se não puder e tiver de praticar apenas para o seu próprio bem, então, no mínimo, não deve causar dano; não esquecendo de incluir a violação do livre-arbítrio da outra pessoa em sua definição de dano. Deixar de agir de boa-fé terá efeitos negativos sobre você. Se não respeitar a harmonia da magia ou semear a discórdia em suas relações com um *eidolon,* isso prejudicará sua capacidade de realizar magia de forma confiável no futuro.

Como magistas, não só devemos operar para o bem maior em todos os momentos, como também devemos nos sentir confortáveis com o desconforto e à vontade com o desconhecido. Devemos trazer o fogo prometeico de nossa Arte para iluminar lugares onde a injustiça se alastra. Ao melhorarmos a nós mesmos, somos capazes de melhorar o mundo, assim, todos os seres conscientes serão elevados. Comunico essas percepções, porque descobri que é muito fácil para muitos se perderem na Arte e se concentrarem apenas em suas próprias revelações, afastando-se do mundo no qual foram encarnados. Isso é uma grande perda, pois, como magistas, possuímos faculdades que podem ser utilizadas em poderosos atos de bondade. Nem todos estão necessariamente posicionados para fazer grandes mudanças sistêmicas no mundo, mas certamente todos nós somos capazes de atos aleatórios de bondade espontânea e irrestrita. Entretanto, primeiro precisamos ouvir essas oportunidades com a mesma atenção com que ouvimos os sussurros dos *eidolons.*

Devemos, portanto, escolher os círculos em que operamos com o mesmo cuidado que temos ao cuidar de nossos grimórios. É fundamental entender quem permitimos que se sente à nossa mesa, pois o que é jantar para o lobo é morte para o coelho. Confraternizar com aqueles que deliberadamente escolhem prejudicar os outros é ser cúmplice desse prejuízo. Cabe a nós denunciarmos tais ações na esperança de provocar mudanças por meio de nossa discordância. Se não houver mudança, então devemos exercer nossa vontade de nos retirarmos de grupos e afiliações que violam os princípios pelos quais operamos.

Nossa Arte também nos dota de uma grande capacidade de autorreflexão. Ignorar essa capacidade é praticar magia de forma dissimulada. É vital que façamos uma introspecção sobre os padrões prejudiciais que adotamos e façamos o possível para desprogramá-los. Sejam eles herdados por meio de nossos próprios traumas, das expectativas de nossos grupos sociais ou de preconceitos pessoais, todos nós temos padrões arraigados de danos que precisamos desvendar para avançarmos como magistas e como pessoas. Não negligencie esse trabalho.

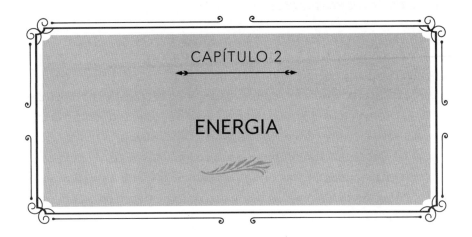

Toda magia é alimentada por energia. Acreditar que a energia espiritual ou psicológica é interna ou externa, permeando tudo, é uma interpretação inteiramente individual. A forma como cada pessoa aborda o seu paradigma vai determinar se os exercícios a seguir são alegóricos ou literais, mas isso não afeta a eficácia deles. Dentro desse sistema, a energia é definida como um poço de poder do qual se pode extrair e moldar com a sua vontade, e seus vários efeitos podem ser descritos como mágicos. Um dos primeiros conceitos que é preciso entender é que, todas as coisas vivas contêm energia – uma energia biológica bruta, pelo menos – e todas as coisas sapientes manifestam a energia que compreende o pensamento. Toda ação mundana, desde correr até desenhar, exige o gasto de alguma medida de energia física ou mental. Entretanto, usar essas energias para o trabalho de magia é pessoalmente desgastante. A magia é extraordinária, e sua prática deve ser energizada por uma fonte tão incrível quanto. Isso leva ao segundo conceito que você deve abordar. A existência em si tem energia em uma quantidade que desafia o alcance humano, e é dessa energia que você pode se valer para alimentar sua magia. Acreditar que essa energia é física, bruta, ambientada, desprovida de consciência ou uma divindade que impregna todas as coisas, vai depender do paradigma que você definiu para si mesmo. Reserve um momento para refletir sobre a energia e registrar seus pensamentos em seu grimório.

Seguindo em frente com a noção de que toda a existência é permeada por algum tipo de energia, a próxima pergunta lógica é: "como podemos acessá-la?". Essa pergunta foi respondida por muitas Tradições ao longo dos milênios, com paralelos impressionantes. Aqui apresentarei dois sistemas que descrevem centros de energia no nosso corpo. Mais provável no corpo espiritual, que atua como condutor dessa energia universal, valendo-se da forma humana, que canaliza nossa consciência durante nosso tempo na Terra. Além disso, serão apresentados exercícios criados para ajudá-lo a ampliar deliberadamente o fluxo dessa energia e a se centralizar em sua emanação constante.

Sistemas de duas Energias

Aqui serão descritos dois sistemas de energia tradicionais comuns. Incentivamos você a se envolver nos exercícios fornecidos para ambos após esta seção, fazendo anotações sobre cada um deles, até encontrar a metodologia que funciona melhor para você. Conheça agora o sistema de chacras e as *Sephiroth* (singular: *Sephirah*).

Chacras

O sistema de chacras é uma modalidade de mapeamento dos centros de energia do corpo. Esse sistema tem sua origem nas antigas práticas tântricas e existe em diversas variações nas religiões hindu e budista. A versão que será apresentada aqui é o sistema dos sete chacras. No entanto, este sistema remonta a milhares de anos e possui uma rica história cultural e religiosa que vai muito além do método simples que empregarei aqui. Meu desejo é contemplar esse sistema como me foi apresentado, mas não me apropriar dele. Como tal, só falarei aqui sobre a maneira como o sistema entrou na consciência ocultista ocidental. Para os propósitos deste trabalho, precisamos apenas saber que os chacras são centros de energia contidos no nosso corpo – luminosas rodas de luz – e são os seguintes:

- ***Chacra da Coroa:*** está localizado no topo da cabeça; iluminado em violeta brilhante.
- ***Chacra do Terceiro Olho:*** está localizado na testa; iluminado em índigo refulgente.

- *Chacra Laríngeo:* está localizado no pescoço; iluminado em azul brilhante.
- *Chacra Cardíaco:* está localizado no meio do peito; iluminado em verde radiante.
- *Chacra do Plexo Solar:* está localizado na base da caixa torácica; iluminado em dourado brilhante.
- *Chacra Umbilical:* está localizado logo abaixo do umbigo; iluminado em laranja brilhante.
- *Chacra da Raiz:* está localizado na bacia pélvica; iluminado em vermelho ardente.

Os significados desses chacras, seus nomes em sânscrito e outras formas de trabalhar com eles podem ser pesquisados à vontade, o que é altamente recomendável.

Sephiroth

As *Sephiroth* são as esferas da Árvore da Vida cabalística e estão inextricavelmente entrelaçadas no tecido da tradição esotérica ocidental. Os escritos sobre esses centros de energia feitos por Magos Cerimoniais são inúmeros e merecem ser pesquisados. Alguns cabalistas definem como sendo onze as *Sephiroth* e outros definem como dez. Isso vai depender se vão ou não considerar a esfera *Daäth* como uma *Sephirah* verdadeira. Aqui vamos nos preocupar apenas com as cinco esferas do Pilar do Meio da Árvore da Vida, pois é com elas que os próximos exercícios interagem. As cinco *Sephiroth* são as seguintes:

- *Kether:* localizada no topo da cabeça; iluminada em um branco radiante.
- *Daäth:* localizada no pescoço; brilha em prata intenso.
- *Tiphareth:* localizada no Plexo Solar; emana em ouro reluzente.
- *Yesod:* localizada na bacia da pélvis; pulsa na mais pura cor púrpura.
- *Malkuth:* localizada entre os pés quando em posição ereta; sombreada em preto nascente.

Achando o Centro

Além do fluxo de energia necessário para manifestar o trabalho de magia, é preciso também permanecer em um determinado estado de consciência presente. Para manifestar o verdadeiro efeito, é preciso se livrar da estática que se apega à consciência humana à medida que ela percorre os caprichos da existência material. Os exercícios a seguir têm dois objetivos. O primeiro é alcançar um estado de consciência do momento presente e o segundo é evocar o fluxo da energia universal por meio de sua presença recém-esclarecida. Um conceito encontrado tanto na Tradição Tântrica, da qual se originou o sistema de chacras, quanto na Tradição Cabalística, é o de se conectar à energia universal ou onipresente. As duas, entretanto, definem a fonte e a natureza dessa energia de maneira diferente. Nesta prática, você definiu, ou está definindo, essa energia para si mesmo. Os exercícios a seguir servem para conectá-lo a essa fonte de energia, de modo que possa aproveitar a abundância infinita dela para alimentar sua Arte. O exercício vai permitir que encontre um estado de centro, uma consciência permanente, calma e no momento presente, conhecida como *rigpa* no Tibete, que se traduz como "conhecimento do solo". Neste sentido, a base se refere a um estado primitivo de consciência na raiz de todas as coisas. Ele encontra sua contrapartida no *Ein Sof* (*Ain Soph*) do trabalho cabalístico, que é a consciência raiz que permeia tudo do Deus não manifestado antes do ato da Criação.

Quando falamos de consciência do momento presente, estamos falando de um estado de existência sem apego ao que veio antes ou ao que pode vir depois. É um estado de sentir sem sucumbir; é estar no rio sem ser levado pela correnteza. É um estado de perceber sem julgar, existindo como testemunha da existência. Para ajudar a alcançar esse estado, é importante entender, pelo menos em um nível intelectual, que não somos nosso corpo ou nossos pensamentos. Somos a consciência ocupando atualmente um papel no espetáculo de marionetes da encarnação física. Em um estado de permanência calma, somos pura percepção e o mais próximo que podemos estar da verdadeira essência do ser enquanto estamos aqui na realidade manifesta.

Se você não dominar nenhuma outra habilidade deste livro a não ser a consciência do momento presente, terá adquirido algo de valor imensurável. Sem essa consciência, você é um sonâmbulo passando pela vida como se estivesse em um sonho. Você vai comer, dormir e falar sem estar totalmente presente nessas ações. Terá cedido o controle à sua mente, permitindo que a função de piloto automático conduza sua forma física em vez de tomar decisões deliberadas quanto à direção de seu crescimento. Uma pessoa pode entrar e sair da consciência do momento presente por anos, décadas ou até mesmo vidas antes de ser capaz de permanecer nela sem interrupção, mas cada vez que ela é experimentada, torna-se infinitamente benéfica e prepara o caminho para seu domínio contínuo.

Estar consciente do presente – viver em um momento eterno, compreender que você é um ser ilimitado que experimenta a limitação da encarnação, mas não está preso a ela – não termina ao se levantar da cadeira de meditação. É provável que você chegue a essa percepção pela primeira vez durante a meditação, mas ela deve ser perpétua. Não importa se você está no trabalho, no ônibus ou em uma festa. O posicionamento de seu corpo físico no espaço e no tempo é irrelevante para que permaneça conscientemente neste momento, seja ele qual for.

É importante fazer uma distinção aqui entre compreensão intelectual e gnose verdadeira. Compreender com a mente é algo belo e é a base das inúmeras artes e ciências que enriquecem nosso mundo. No entanto, quando falamos em compreender sua natureza infinita, estamos falando em vivenciá-la com a totalidade do seu ser. É a diferença de compreensão entre ter uma natureza infinita e ter uma gnose verdadeira. É a diferença de compreensão entre ter lido um livro sobre uma terra distante e tê-la visitado, provado suas iguarias, apreciado sua paisagem e mergulhado nas nuances de sua cultura. Você pode dizer: "Sou ilimitado, apenas este momento existe e eu resido nele" sem realmente vivenciá-lo, e o objetivo é vivenciar este profundo estado de permanência.

Para ajudá-lo a chegar a um estado de consciência do momento presente, três exercícios são oferecidos para seu uso. Dois exercícios são apresentados a partir de Tradições de longa data e um novo exercício também é oferecido. É recomendável experimentar cada um deles pelo menos uma vez para ter ideia de qual tem mais afinidade com você. Cada exercício também é seguido por outro secundário, que é projetado para expandir sua consciência para fora, uma vez que você tenha alcançado um senso básico de centro e consciência do momento presente. Leia todos os exercícios deste capítulo para se familiarizar com eles antes de começar a praticá-los. Depois de experimentar cada conjunto de exercícios pela primeira vez, anote suas observações em seu grimório. Você pode anotar quaisquer mudanças, sentimentos, visões ou revelações. Anote uma coisa de cada vez.

Conheça agora o Pilar do Meio, que tem suas raízes no trabalho cabalístico; a Meditação Rigpa, que se baseia na prática tântrica; e a Meditação do Fio Branco, que serve como uma contrapartida totalmente secular às duas Tradições antigas anteriores.

Exercício do Pilar do Meio

Este exercício foi altamente considerado pelos Magos Cerimoniais dos séculos 19 e 20, embora suas raízes sejam muito mais antigas. É um exercício pra ser feito de pé, seguido por uma prática equivalente, chamada de "Eixo Cabalístico", uma variante da Cruz Cabalística mais tradicional. As versões desses exercícios que utilizei são provenientes dos escritos de Israel Regardie.[2] A interação aqui é com um poço ilimitado de energia cósmica, cuja natureza você deve refletir e determinar por si mesmo. A terminologia usada é de natureza abraâmica, pois se baseia no misticismo judaico, e as palavras usadas são hebraicas. Há algumas reviravoltas nessa versão herdada do misticismo cristão primitivo.

O primeiro exercício tem esse nome, porque lida com as *Sephiroth* localizadas no Pilar do Meio da Árvore da Vida Cabalística – o pilar da harmonia entre os dois pilares opostos que representam misericórdia e severidade, expansão e retração, crescimento e decadência. Aqui

---

2. Regardie, *The Middle Pillar*, 79-109.

encontramos paralelos com a parábola do filósofo budista do século 7, Shandao, sobre os dois rios e o caminho branco. O caminho branco é interpretado como o caminho da harmonia entre o Rio de Fogo e o Rio de Água, que, por sua vez, representam a agressividade e a passividade, e podemos compará-los à severidade e à misericórdia.

Antes de iniciar o exercício, certifique-se de estar em um ambiente calmo e privado, onde seja improvável a ocorrência de interrupções. Certifique-se de que haja espaço suficiente ao seu redor para que possa estender os braços em todas as direções sem obstrução.

Para começar, fique em pé, com os ombros relaxados, os pés juntos e os braços ao lado do corpo. Vários praticantes recomendam que fique voltado para o Leste, pois essa direção tem significado para várias escolas de mistérios e representa o amanhecer, o início e a fonte da sabedoria. Se tiver uma bússola ou um aplicativo de bússola disponível, sinta-se à vontade para ficar voltado para o Leste. Entretanto, como o mundo em que vivemos é, em geral, ilusório, sua intenção é mais importante do que a orientação de seu corpo transitório.

Em uma posição ereta, comece a respirar profundamente. Inspire com firmeza, prenda a respiração em seus pulmões, depois expire e mantenha os pulmões vazios por um momento. Faça isso no ritmo mais lento que achar confortável. Como alternativa, pode inspirar profundamente e expirar lentamente por cerca de 50% a mais do tempo que passou inspirando. Essas técnicas meditativas de respiração rítmica têm o objetivo de promover a clareza e a receptividade, respectivamente. Respire assim por cerca de um a cinco minutos, até se sentir suficientemente relaxado e livre de energia física nervosa.

Ao ficar de pé e praticar os exercícios de respiração, imagine que o mundo ao seu redor desaparece e que você está cercado por um campo infinito de estrelas, o pigmento e o negrume do espaço. Permaneça nesse lugar sem peso e em harmonia com o vazio que é pura potencialidade. Depois de passar um tempo confortável nessa calma, perceba acima de você uma esfera de pura luz branca, que é o centro metafórico de toda a criação, o demiurgo ressonante da existência. Enquanto continua sua respiração rítmica, puxe para baixo um pilar de pura luz branca dessa esfera acima de você até o topo de sua cabeça. Observe-a descer até tocar sua cabeça. Ao tocá-la, sinta uma esfera branca flamejante, um espelho menor da que está acima, acender-se no topo de sua cabeça. Essa é a *Sephirah Kether*. Antes de prosseguir, respire mais algumas vezes, cada uma delas atraindo mais luz dos céus para a *Kether* brilhantemente carregada. Sinta-a vibrar com energia pura. Feito isso, agora é hora de carregar a primeira *Sephirah* por meio de um encantamento. Você vai precisar pronunciar cada sílaba de forma clara e distinta, ressoando o som em seu diafragma para que ele vibre por todo o seu corpo o máximo possível. Encante a palavra *Ehyeh*, que se pronuncia *eh-HEE-yay*. Faça isso no mínimo três vezes ou quantas vezes forem necessárias até sentir que a *Sephirah Kether* está impregnada de luz divina, antes de prosseguir.

Neste momento, você deve estar visualizando uma coluna de luz branca descendo do alto até o topo da cabeça. O próximo passo é puxar essa luz para baixo em um pilar ininterrupto através de cada *Sephirah*, uma a uma. Continue sua respiração rítmica, visualizando a luz descendo ainda mais, de *Kether*, na coroa, até a garganta, a cada respiração. Quando perceber que a coluna de luz chegou à sua garganta, visualize uma esfera prateada brilhante surgindo. Essa é a segunda *Sephirah*, *Da'ath*. Ao respirar, visualize uma descida contínua de luz vindo do alto, passando por *Kether* e preenchendo *Da'ath*. Para carregar *Da'ath*, faça um encantamento com a mesma técnica vibratória introduzida para *Kether*. O encantamento para *Da'ath* é *Yhvh Elohim*, pronunciado *YEH-hoh-vah el-OH-heem*. Faça isso no mínimo três vezes ou quantas vezes forem necessárias até sentir que a *Sephirah Da'ath* está impregnada de luz divina, antes de prosseguir.

Continue descendo a coluna de luz branca através das *Sephiroth* anteriores até o Plexo Solar a cada respiração. Quando sentir que a coluna atingiu o Plexo Solar, visualize uma esfera de ouro refulgente surgindo. Essa é a terceira *Sephirah*, *Tiphareth*. Ao respirar, visualize uma descida contínua de luz vindo do alto, passando pelas *Sephiroth* acima e preenchendo *Tiphareth*. Para carregar *Tiphareth*, faça um encantamento usando a já conhecida técnica vibratória. O encantamento para *Tiphareth* é *Yhvh Eloah Va Daath*, que se pronuncia YEH-hoh-vah el-OH-ah vah da-ATH. Faça isso no mínimo três vezes ou quantas vezes forem necessárias para sentir que a *Sephirah Tiphareth* está impregnada de luz divina, antes de prosseguir.

Prosseguindo mais uma vez, a cada respiração continue puxando a coluna de luz branca para baixo, através das *Sephiroth* anteriores, até a bacia pélvica. Quando sentir que a coluna atingiu a bacia pélvica, visualize uma esfera de luz roxa brilhante surgindo. Essa é a quarta *Sephirah* do Pilar do Meio, *Yesod*. Enquanto respira, visualize a descida contínua de luz vindo do alto, passando pelas *Sephiroth* acima e preenchendo *Yesod*. Para carregar *Yesod*, faça um encantamento usando a técnica vibratória. O encantamento para *Yesod* é *Shaddai El Chai*, que se pronuncia *sha-DYE EL KYE*. Faça isso no mínimo três vezes antes de prosseguir ou quantas vezes forem necessárias para sentir que a *Sephirah Yesod* está impregnada de luz divina.

Ao completar a primeira parte deste exercício, continue puxando a coluna de luz branca para baixo, através das *Sephiroth* anteriores, até o espaço entre os seus pés a cada respiração. Quando sentir que a coluna alcançou o espaço entre os pés, visualize uma esfera de ônix preto pulsando. Essa é a quinta *Sephirah* do Pilar do Meio, *Malkuth*. Enquanto respira, visualize a descida contínua da luz do alto, passando pelas *Sephiroth* acima e preenchendo *Malkuth*. Para carregar *Malkuth*, faça um encantamento usando a técnica vibratória. O encantamento para Malkuth é *Adonai Ha Aretz*, que se pronuncia *ah-DOH-nye HA AH-rets*. Antes de prosseguir, faça isso no mínimo três vezes ou quantas vezes forem necessárias para sentir que a *Sephirah Malkuth* está impregnada de luz divina.

Agora, a luz brilhante da existência desceu por você e é mantida em seu sistema energético. O exercício está quase concluído, mas não totalmente. Continuando a respirar ritmicamente, visualize e sinta essa coluna de energia divina descer de *Malkuth* pelo chão, pela rocha e pelo solo da crosta terrestre, pelas cavernas e pelos fósseis, até o centro da Terra. Aqui, visualize uma imensa esfera de luz branca tingida de verde, espelhando a luz tão acima. Entre em contato com essa energia branco-esverdeada e, enquanto respira, puxe-a para cima da coluna e para dentro de si mesmo, subindo em cada *Sephiroth* até que ela resida em sua coroa e carregue todo o seu corpo. Em seguida, visualize essa energia se movendo em padrões por todo o seu ser, subindo da Terra por cada *Sephirah* até *Kether*, descendo pelo seu lado esquerdo e fluindo de volta para *Kether* pelo seu lado direito. Como alternativa, visualize-a subindo como as duas serpentes do caduceu ao redor de seu corpo até *Kether* e, vindo de *Kether*, derramando-se infinitamente como água sobre todo o seu ser. Permaneça em qualquer fluxo que escolher por algum tempo. Quando se sentir pronto, respire fundo três vezes e visualize o mundo ao seu redor desaparecendo lentamente, a paisagem estelar infinita aos poucos vai sumindo. Reconheça que o fluxo permanece, mesmo após o término do exercício. Uma frase ou ação que signifique o fim do trabalho é útil para estabelecer um ponto final a partir do qual possa voltar à mentalidade da vida cotidiana. Você pode encontrar o seu próprio ponto, mas por enquanto, simplesmente diga: "Assim é".

O que foi realizado aqui consistiu em estabelecer um fluxo de energia do qual foi possível extrair o grande poder necessário para a aplicação bem-sucedida do trabalho de magia. Você está trazendo a energia da fonte de todas as coisas, direcionando-a por meio de si mesmo como um canal para a terra em que reside e trazendo-a de volta nesta forma estável para aplicá-la como achar melhor. Este exercício – ou um dos exercícios semelhantes que atingem o mesmo objetivo apresentados mais adiante neste capítulo – deve ser praticado regularmente. Durante o primeiro mês, ao se familiarizar com este fluxo recomendamos que pratique diariamente. Após este período, a prática diária ainda é recomendada, mas algumas vezes por semana podem ser suficientes, conforme as outras obrigações da vida forem surgindo.

Acrescentando o Eixo Cabalístico

Depois de completar o Exercício do Pilar do Meio várias vezes, você estará pronto para acrescentar o Eixo Cabalístico, cujo objetivo é expandir sua consciência recém-centralizada para fora e se abrir para o fluxo de energias do além.

Depois de completar o Pilar do Meio, mas antes de terminar o exercício, levante a mão dominante até a testa e entoe, usando a voz ressonante com a qual já deve estar acostumado, a palavra *Ateh*, pronunciada *ah-TAY*. Visualize a seção brilhante da coluna de luz que vai de *Tiphareth* até a esfera divina brilhar ainda mais. Em seguida, leve a mão ao centro do peito e entoe a palavra *Malkuth*, pronunciada *mal-KOOTH*. Visualize a seção da coluna de luz que vai de *Tiphareth* até o centro da Terra brilhar ainda mais. Em seguida, leve a mão ao ombro oposto à sua mão dominante e entoe a frase *Ve Geburah*, que se pronuncia *VAY geh-BOO-rah*. Visualize uma nova coluna de luz brilhando, estendendo-se do meio do peito até o ombro não dominante e até a eternidade. Agora, leve a mão ao ombro dominante e entoe a frase *Ve Gedulah*, pronunciada *VAY geh-DOO-lah*. Visualize uma nova coluna de luz surgindo, estendendo-se do meio do peito até o ombro dominante e para a eternidade, conectando-se ao pilar que se estende do outro ombro e unindo-se em um só, revelando uma forma cruciforme de dois pilares que se cruzam no centro do peito. O pilar do meio e esse novo pilar do horizonte são formados pela direita e pela esquerda. Em seguida, leve a mão ao centro do peito, onde os dois pilares se cruzam, e entoe a frase *La Olam*, pronunciada *LAH oh-LAHM*. Visualize outro pilar surgindo, expandindo-se cada vez mais para trás em uma linha reta a partir do centro do peito. Mantenha sua mão centralizada e entoe Amém, pronunciado *AH-men*. Visualize o pilar central criado ao entoar *La Olam* agora se estendendo através de você e saindo pela frente do peito, expandindo-se sempre para frente. Continue sua respiração rítmica e sinta sua consciência dançar ao longo desses três pilares: os eixos x, y e z da existência. Quando se sentir suficientemente calmo e consciente, termine o Exercício do Pilar do Meio conforme descrito na seção anterior.

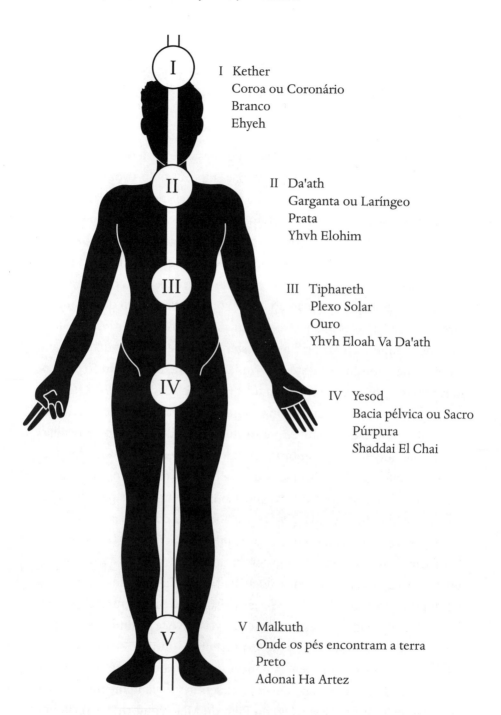

Diagrama do Pilar do Meio

CAPÍTULO 2 | **ENERGIA** | **39**

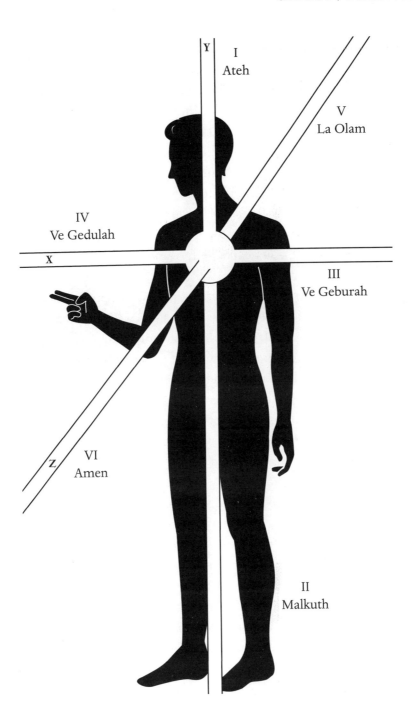

Diagrama do Eixo Cabalístico

A Meditação de Rigpa

A Meditação Rigpa tem muitos paralelos com o Pilar do Meio, mas tem origem em uma Tradição diferente. Esta versão foi criada a partir de um amálgama de exercícios de alinhamento dos chacras aos quais fui exposto ao longo de minha vida. Rigpa é uma palavra tibetana que se traduz literalmente como "conhecimento do solo" ou "consciência", mas, filosoficamente, refere-se a um estado da mente interconectada e consciente de tudo. Como conceito, é maravilhosamente apresentado na escola de budismo *Dzogchen*. Não sou nem pretendo falar como um especialista em budismo, mas encorajaria a leitura da literatura *Dzogchen* como um acréscimo à sua caixa de ferramentas de meditação e para obter um conhecimento profundo sobre este conceito que estou tentando abordar aqui com respeito. A Meditação Rigpa evita a necessidade de vários encantamentos, preferindo, em vez disso, a única sílaba sagrada, *Om*.

Como no Pilar do Meio, esta técnica começa com a respiração. As mesmas técnicas de respiração rítmica descritas anteriormente, com as quais você já deve estar familiarizado, devem ser aplicadas. Novamente, a energia da fonte infinita de todas as coisas será extraída e visualizada no alto da sua cabeça, passando por seus centros de energia, para a terra e de volta para o seu ser. As diferenças estão na posição do seu corpo, no sistema de centros de energia usado e nas entonações para carregar os centros e encerrar o exercício.

Comece a Meditação Rigpa sentando-se com as pernas cruzadas no chão ou em uma almofada confortável. Fique com a coluna ereta, a cabeça erguida e as mãos nos joelhos ou no colo. Inicie a técnica de respiração rítmica, concentrando-se simplesmente na respiração até sentir-se calmo e consciente de sua própria consciência. Visualize o mundo ao seu redor desaparecendo, substituído por uma extensão infinita de estrelas cintilantes. Acima de você, perceba o centro paradoxal do infinito, uma grande luz brilhante que vibra em um tom alto e claro. Ao respirar, visualize a luz descendo em direção ao Chacra da Coroa.

Ao atingir o Chacra Coronário, sinta a luz inundá-lo, fazendo com que ele floresça como um lótus violeta de muitas pétalas. Sinta-o ficar claro, limpo e brilhante. Após algumas respirações com esta sensação, carregue o Chacra da Coroa entoando a sílaba *Om* em tom ressonante pelo menos três vezes. Permaneça em um sentimento de bem-aventurança por alguns instantes, desfrutando de uma sensação clara de iluminação.

Como você já passou pelo Pilar do Meio, deve estar familiarizado com o padrão estabelecido. Para cada chacra abaixo da Coroa, a luz clara da existência deve ser extraída e esse chacra deve ser carregado e visualizado como uma roda giratória de energia, com a sílaba *Om*, conforme descrito.

Através do Chacra Coronário, atraia a luz em cascata para o Chacra do Terceiro Olho localizado na testa. Sinta o Chacra do Terceiro Olho despertar e começar a vibrar, girando como um giroscópio enquanto brilha com a luz índigo que flui dos céus, através do chacra acima e para dentro de sua essência. Entoe a sílaba *Om* três vezes em um ritmo constante, sentindo a luz em seu Chacra do Terceiro Olho se intensificar a cada entonação. Permaneça com esta sensação por várias respirações antes de mudar sua consciência para baixo, para o Chacra da Garganta.

À medida que a luz flui para baixo, como uma cachoeira pura e clara, sinta-a residir em seu Chacra da Garganta. À medida que a luz entra em seu Chacra Laríngeo, sinta-a dançar com uma luz azul radiante, girando como uma lua em órbita. Ao sentir a luz carregar e expandir o Chacra da Garganta, entoe novamente *Om* três vezes em um ritmo constante. A cada entonação, sinta a luz clara refrescar você. Permaneça nesta sensação de clareza por várias respirações antes de mudar novamente sua consciência para o próximo chacra, o Chacra do Coração, no meio do peito.

Com os chacras anteriores, atraia novamente a luz clara da existência. Desta vez, você vai atraí-la para o seu coração. Quando a luz clara entrar em seu Chacra Cardíaco, sinta-o florescer em um verde viçoso, com o aroma da floresta a acompanhá-lo. Sinta-a girar como a Terra, emanando compaixão por todos os seres vivos. Respire profundamente e entoe *Om* três vezes com firmeza. Permaneça em um sentimento de unidade com as outras criaturas vivas por um momento antes de mudar sua consciência para o próximo chacra, o Plexo Solar.

À medida que você atrai a luz da existência pelos chacras anteriores, ela passa a residir agora em seu Plexo Solar, iluminando-o com um dourado brilhante. Sinta a energia centrífuga pulsante aqui, no centro de sua forma física. Permaneça consciente dela por um momento e sinta uma maré de luz energizante tomando conta de você. Entoe *Om* mais uma vez, três vezes, como antes, e permaneça nesta maré de energia antes de seguir em frente. Novamente, concentre sua consciência para baixo, para o Chacra Sacral abaixo do umbigo.

À medida que a cascata de luz em várias camadas flui para baixo através de cada chacra acima dela, sinta-a entrar em seu Chacra Sacral. Ao tocá-lo, visualize uma luz laranja profunda e sinta uma alegria calma entrar em você. Sinta um redemoinho de calor satisfeito enquanto a luz gira e, novamente, respire profundamente, entoando lentamente *Om* três vezes. Mais uma vez, direcione sua consciência e a luz que vem a seguir para baixo, para o próximo chacra, o Chacra Raiz, na bacia pélvica.

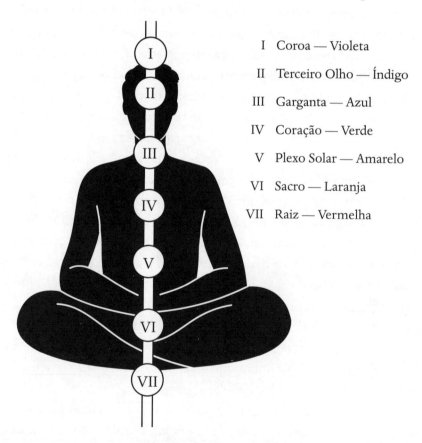

Diagrama de Meditação Rigpa

À medida que a pura luz da existência entra no ponto focal final deste sistema de energia, tendo passado por todos os que estão acima dele, sinta seu Chacra Raiz brilhar em uma refulgência rubi. Permita que surja uma sensação de grande saúde e conforto enquanto seu Chacra Raiz gira com luz giroscópica. Respire lentamente enquanto entoa *Om* três vezes antes de visualizar a luz fluindo novamente para baixo, para fora do seu corpo e para a terra.

Visualize a luz divina da existência permeando a Terra e chegando ao seu centro. Lá, ela se encontrará com uma grande esfera branca-esverdeada de energia terrena. Essa energia fluirá até o seu Chacra Raiz e subirá para cada chacra sucessivamente até chegar à sua Coroa e fluir novamente para baixo como pétalas caindo, impregnando todo o seu ser. Você permanecerá neste fluxo até estar pronto para se levantar, observando o mundo desaparecer de volta à existência e terminando o exercício com uma respiração profunda e uma expiração lenta.

Este é o segundo exercício usado para estabelecer e manter um estado de fluxo de energia centrado e consciência do momento presente. Você deve praticá-lo com o Pilar do Meio e considerar os dois intercambiáveis.

Acrescentando a Meditação da Rede de Pérolas

Assim como o Eixo Cabalístico é a contrapartida do Pilar do Meio, a Meditação da Rede de Pérolas é a contrapartida da Meditação Rigpa. Ela tem esse nome devido a um conceito védico que afirma, parafraseando, que os Céus do Deus Indra são uma rede infinita de pérolas, cada uma refletida na outra.[3] Nesta visualização, cada orbe de pérola é um universo no multiverso cósmico, e todos estão conectados por fios de luz ao longo de cada eixo.

Quando a Meditação Rigpa estiver concluída, antes de fazer a transição para a consciência material, volte sua atenção para a roda verde brilhante do Chacra do Coração. Ao começar a fazer isso, imagine-se expandindo para fora à medida que o Chacra Cardíaco brilha mais intensamente, até que você mesmo seja um cosmo – um universo em

---

3. Odin, *Process Metaphysics and Hua-Yen Buddhism*, 16-17.

si mesmo. Agora, entoe a sílaba *Om*. Ao fazer isso, visualize linhas de luz se expandindo de você para a frente e para trás, para a direita e para a esquerda, para cima e para baixo. Essas linhas acabam entrando em contato com outras esferas de luz. Mantenha sua consciência nessas esferas e entoe novamente *Om*. Agora, visualize linhas de luz saindo de todas essas outras esferas que você tocou, cada uma delas tocando novas esferas além delas, formando uma grade infinita com uma esfera em cada eixo. Pela última vez, entoe *Om* e veja todas as esferas brilharem com luz clara. Agora permaneça nessa consciência expandida por algum tempo. Permaneça até se voltar novamente para dentro, concentrando-se em seu próprio universo, sua própria coluna de luz do centro inefável do infinito até a Terra. A partir daí, encerre a meditação como fez na Meditação Rigpa, com o desvanecimento do mundo material e uma expiração lenta.

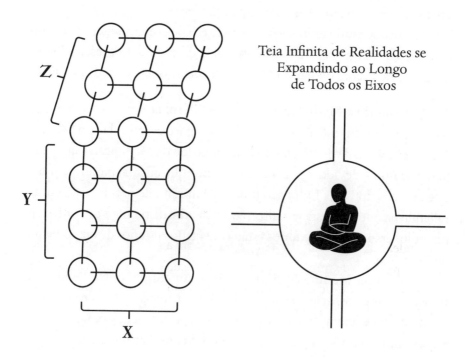

Diagrama de Meditação da Rede de Pérolas

Uma alternativa secular: a Meditação do Fio Branco

A Meditação do Fio Branco é apresentada como uma alternativa totalmente secular aos dois exercícios anteriores. É uma criação minha, e não uma técnica de centralização espiritual de uma linhagem antiga. Embora as práticas deste livro sejam consideradas sincréticas, um amálgama de exercícios e Tradições que buscam os mesmos mistérios, há espaço para reconhecer e respeitar o fato de que todas as pessoas têm níveis variados de conforto com Tradições espirituais variadas.

Esta meditação pode ser feita em pé ou sentado. Tudo o que importa é que a posição possa ser mantida confortavelmente. Nesta meditação, você não vai interagir com imagens de divindade ou universalidade, em vez disso, irá se envolver com sua própria consciência.

Ao ficar de pé ou sentado, inicie as técnicas de respiração rítmica discutidas no primeiro exercício. Faça isso até atingir um estado calmo e consciente. Agora, visualize-se afundando em si mesmo, entrando em um espaço infinito que existe em sua própria mente. Acima de você, visualize uma esfera de luz brilhante. Isso representa seu potencial interno, ou eu superior. Bem abaixo de você, visualize uma esfera de luz verde. Isso representa sua conexão com o mundo ao seu redor, seus sentidos, suas emoções e outras formas de interação com o mundo físico.

Enquanto continua sua respiração rítmica, visualize um fio de luz branca descendo da esfera acima até ficar pendurado à sua frente. Quando perceber que o fio está pendurado na altura do seu peito, imagine-se segurando-o e flutuando lentamente para baixo, até se sentar no topo da esfera verde. Quando estiver no topo, toque no fio branco que está na esfera e observe como ele se prende. A luz dourada começa a pulsar sobre a esfera, movendo-se para frente e para trás entre as esferas verde e branca. Visualize-se segurando o fio branco, agora esticado, e sinta a energia dourada fluir através de você como uma eletricidade quente. Enquanto experimenta esta sensação, entoe ressonantemente a palavra *Aura*, pronunciada *AWE-rah*. Esta é uma palavra escolhida para vibrar facilmente em seu peito e não por qualquer outra conotação ou significado nela investido que não fazem parte deste exercício. Depois de entoar esta frase pelo menos nove vezes, permaneça neste estado e respire ritmicamente até se sentir pronto para trazer a consciência de volta ao corpo físico e não ao mental. Marque essa transição com a frase "Assim é". Entenda que essa conexão entre o seu eu cotidiano e o seu potencial interno continua a ser estabelecida durante o seu dia.

Acrescentando a Meditação da Tecelagem

Assim como os exercícios tradicionais detalhados anteriormente, a Meditação do Fio Branco tem uma etapa adicional a ser incorporada quando você estiver confortável com o trabalho inicial. Esta prática de expansão é chamada de "Meditação da Tecelagem".

Quando considerar que a Meditação do Fio Branco está completa, mas antes de sair dela, visualize uma tapeçaria dourada começando a se tecer logo abaixo da esfera verde na qual você está sentado, expandindo-se em todas as direções. Essa tapeçaria reflete a luz da esfera branca acima de você e tem um padrão intrincado. Dependendo do seu ângulo de visão, uma crônica de toda a sua vida na Terra poderá ser vista sendo desenhada, um fractal intrincado e em expansão ou uma série complexa de equações sendo escrita. Enquanto observa essa tapeçaria se expandir cada vez mais para fora, expanda sua consciência com ela e entoe a palavra *Sophos*, pronunciada *SO-fos*, que significa "sabedoria". Permaneça aqui por algum tempo, observando a infinita tecelagem da tapeçaria, até que se sinta apto a despertar e a terminar a meditação normalmente.

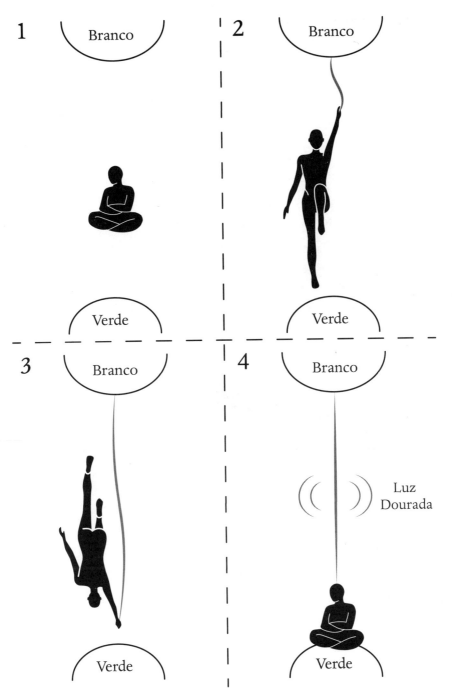

Diagrama de Meditação do Fio Branco

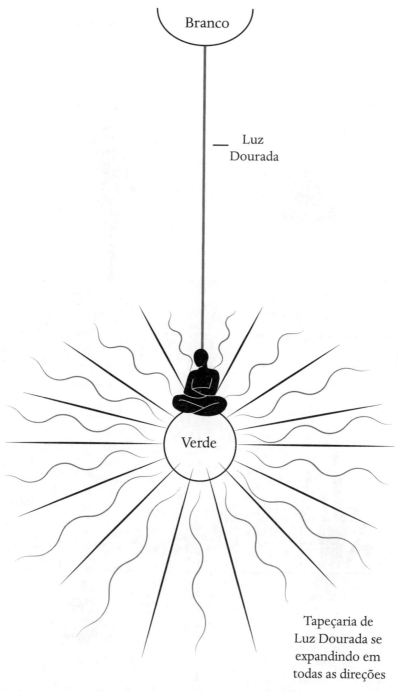

Diagrama de Meditação da Tecelagem

Recordando sua Jornada

Agora que você já se envolveu em três conjuntos de exercícios de centralização e expansão e fez suas observações sobre cada um deles em seu livro de trabalho, é importante que incorpore um desses exercícios em sua rotina diária com a maior frequência possível. O seu envolvimento com esse aprendizado vai ajudar a promover um estado de consciência propício à prática da Arte da Magia. Além disso, praticar vai sintonizar os seus sentidos com os aspectos da existência que nosso cotidiano mundano não nos estimula a compreender. Mais notavelmente neste sistema, estes exercícios são o início do aprendizado para ouvir os sussurros sutis dos *eidolons*. É aconselhável praticar pelo menos uma vez por dia, durante várias semanas, antes de prosseguir com os exercícios a seguir. Experimente cada um dos exercícios pelo menos uma vez para ver com qual deles você se sente mais conectado. Escolha entre se concentrar neste exercício ou alternar entre eles sem prejudicar seu progresso. É necessário ter um canal constante de energia para realizar o trabalho a seguir sem sentir fadiga devido ao gasto de sua própria energia.

A gora que você começou a estabelecer uma prática mágica com suas meditações diárias, anotando observações importantes em seu grimório, considere-se preparado para estender o funcionamento de sua magia para além de si mesmo. Nas meditações descritas anteriormente, você se inspirou na existência para expandir sua própria energia e consciência. Este canal de fluxo que você estabeleceu para trabalhar no espaço ao seu redor agora pode ser usado. Esta etapa é o pré-requisito para o trabalho que virá depois, no qual você entrará em contato e se envolverá com *eidolons* de naturezas variadas. Para fazer este contato, é preciso ter um espaço definido ao seu redor, um local de controle pelo qual nenhum mal possa lhe atingir. Na maioria das vezes, isso é feito por meio de uma modalidade geralmente resumida pela frase "chamar os quadrantes". Este nome foi construído em torno da ideia de invocar os poderes das quatro direções cardeais e as entidades e elementos associados a elas. Isso é feito para representar tanto a totalidade do espaço e do tempo como os aspectos e os cantos da existência. Aqui você será apresentado ao Ritual Menor de Banimento do Pentagrama, que usa a terminologia cabalística e invoca os arcanjos das direções cardeais, e será apresentado à Invocação dos Elementais, que convoca os governantes elementais. Há também uma terceira opção, chamada de "Exercício das Quatro Paisagens", que se concentra na proteção por meio da visualização de um terreno intransponível.

O Ritual Menor de Banimento do Pentagrama

O Ritual Menor de Banimento é a contrapartida do Pilar do Meio e é recomendável que se realize o Pilar do Meio e o Eixo Cabalístico imediatamente antes de se envolver neste ritual. O Ritual de Banimento Menor do Pentagrama é assim chamado, porque bane toda a negatividade ou má vontade da área, para que possa realizar seu trabalho interno. Este exercício nos chega da Ordem Hermética da Aurora Dourada por meio dos escritos de Israel Regardie.[4]

Se possível, comece de pé, voltado para o Leste, lembrando que, o mais importante é definir sua intenção acima de todos os outros parâmetros. Ao olhar para a sua frente, levante a mão dominante com os dedos indicador e médio apontados para fora e os dedos mindinho e anular tocando o polegar. Esta é uma posição conhecida como *prana mudra* na ioga. Como você acabou de completar o Pilar do Meio, atraia a energia universal e sinta-a fluir do peito para o braço dominante e para os dedos levantados da mão. Veja a energia fluir da ponta dos seus dedos em fogo branco, azul e roxo enquanto desenha uma estrela de cinco pontas, começando na ponta inferior esquerda. Quando terminar, visualize o Pentagrama flamejante diante de você antes de enfiar a mão no centro dele e entoar *Yhvh*, cuja pronúncia vimos no capítulo 2. Mantenha esta posição por um momento, sentindo a palavra fluir pelo seu braço e para dentro do Pentagrama. Em seguida, com o braço ainda estendido, gire noventa graus para ficar de frente para a direita. Ao fazer isso, visualize uma linha de luz se movendo do centro do Pentagrama, formando um quarto de círculo.

Agora repita o processo de traçar outro Pentagrama, com o centro sobrepondo a linha de luz que você acabou de trazer do Pentagrama anterior. Desta vez, ao completar o Pentagrama, coloque os dedos no centro, onde está a linha de luz, e entoe *Adonai*, outra palavra com a qual você se familiarizou no capítulo 2. Segure novamente, sentindo a palavra ressoar em seu braço e no Pentagrama, antes de continuar a linha de luz, virando-se novamente para a direita, ficando de costas para o Pentagrama original.

---

4. Regardie, *The Middle Pillar*, 79–109.

Repita novamente o traçado do próximo Pentagrama, observando-o brilhar diante de você. Desta vez, ao enfiar a mão no centro do Pentagrama, entoe *Ehyeh*. Novamente, sinta a palavra vibrar através de você e descer pelo seu braço até o centro do Pentagrama. Faça novamente uma curva para a direita, continuando a linha de luz do centro do Pentagrama anterior, de modo que agora você tenha 3/4 de um círculo.

Trace o Pentagrama final em fogo azul e roxo antes de estender a mão e entoar *AGLA*, que representa a frase *Ateh Gebur Le Olam Adonai*, que pode ser vibrada de forma abreviada, pronunciando *ah-GAY-lah*. Novamente, sinta a palavra vibrar em seu braço e no Pentagrama. Faça o último giro para a direita, levando a linha de luz com você. Esta ação completará o círculo de luz e o deixará de frente para o primeiro Pentagrama, permanecendo assim durante o resto do ritual.

Em seguida, invoque os arcanjos das direções e dos elementos. Certifique-se de que está falando com clareza, confiança e propósito.

Primeiro, concentre sua atenção no Pentagrama diante de você e diga:

Diante de mim, Rafael, e seus elementos do Ar.

Em seguida, volte sua atenção, mas não seu corpo, para o Pentagrama de trás e diga:

Atrás de mim, Gabriel, e seus elementos da Água.

Volte sua atenção para o Pentagrama à sua direita e diga:

À *minha direita, Michael, e seus elementos do Fogo.*

Agora volte sua atenção para o Pentagrama à sua esquerda e diga:

À *minha mão esquerda, Uriel, e seus elementos da Terra.*

A essa altura, você pode pensar que já terminou as direções, mas lembre-se de que há três eixos do Eixo Cabalístico. Então, agora vamos invocar os governantes angélicos de *Kether* e *Malkuth*, as *Sephiroth* encontradas no *zênite* e no *nadir* do Pilar do Meio, Metatron e Sandalphon. Nós os associaremos aos elementos de luz e escuridão. Neste exercício, luz significa proximidade com a fonte da criação, e escuridão significa proximidade com a existência material. Embora o Ritual de Banimento

Menor do Pentagrama exista em muitas versões, poucos praticantes parecem incorporar sentinelas na parte superior e inferior da esfera ritual. Sempre achei a prática benéfica, mas, como sempre, seus rituais são seus para serem editados conforme sua vontade. Entre outros Magos notáveis, Damien Echols, em sua obra *High Magick*, também incorpora esses governantes angélicos de *Kether* e *Malkuth* em seu Ritual Menor de Banimento do Pentagrama.[5]

Continuando, volte sua atenção acima de você para a esfera de luz que reside ali e diga:

Em minha coroa, Metatron, e seus elementos de luz.

Em seguida, volte sua atenção para a esfera branco-esverdeada abaixo de você e diga:

Em minha base, Sandalphon, e seus elementos de escuridão.

Também reconheceremos a interseção dos eixos, ou o Plexo Solar do praticante. Esse reconhecimento da interseção está associado ao elemento da vida, que é o meio pelo qual a consciência eterna interage com o mundo material. Ao invocar o elemento da vida, escolhi *Yeshua*, a figura de Cristo. Entretanto, se isso não funcionar em sua prática, você pode facilmente invocar outra divindade da qual se sinta próximo ou simplesmente evitar qualquer nome e invocar apenas os elementos da vida.

Volte sua atenção para a *Sephirah Tiphareth*, que brilha em seu Plexo Solar, e declare:

Dentro de mim, Yeshua, e seus elementos da vida.

Esses eixos e direções anteriores compreendem os pontos cardeais. No entanto, seria bom acrescentar um ponto final que seja um aceno para a linha de fronteira, o estado liminar entre o seu círculo e a realidade material. Se isso lhe agradar, concentre sua atenção no espaço além do próprio círculo e diga:

Além de mim, Azrael, e seus elementos de morte.

---

5. Echols, *High Magick*, 97–98.

Aqui reconhecemos que a morte é o que está além da percepção do olhar mortal e respeitamos esse conhecimento.

Sua próxima tarefa é afirmar suas fronteiras. Visualize os Pentagramas suspensos no ar em cada direção cardeal e o círculo branco que os une em seus centros. Fale claramente quando afirmar:

Os Quatro cantos ao meu redor inflamam os Pentagramas.

Visualize uma estrela final, um hexagrama unicursal que brilha em seu peito, e diga:

Sobre mim brilha a estrela de seis raios.

Por fim, alguns praticantes preferem levantar as mãos e visualizar o círculo se transformando em uma cúpula branca antes de abaixá-las e visualizar essa cúpula se transformando em uma esfera. O simbolismo das direções implica que todas as entradas previsíveis estão bloqueadas, exceto a que você quiser, portanto, talvez não ache pessoalmente benéfico visualizar uma esfera. Este detalhe é uma questão de preferência.

Agora seu Círculo está pronto para a prática da Arte. Mais tarde, você receberá exercícios para praticar quando tiver estabelecido o Círculo. Por enquanto, este é um bom momento para simplesmente permanecer em uma consciência ritual ou desenvolver suas visualizações dos vários arcanjos. Quando estiver pronto para sair do Círculo, você deve executar o Eixo Cabalístico pela última vez e terminar desviando o foco do seu trabalho e deixando a sua consciência voltar ao espaço mental mundano, terminando com a frase de encerramento:

E assim é.

Após sua primeira experiência com o Ritual Menor de Banimento do Pentagrama, que geralmente é abreviado em inglês como LBRP, anote em seu grimório as visualizações, emoções e ideias que lhe ocorreram durante a execução. Cada vez que realizar o ritual, até que ele se torne extremamente familiar, anote todas as observações que tiver. Mesmo depois de se tornar bem versado em sua prática, é provável se deparar com novas realizações que justifiquem o registro.

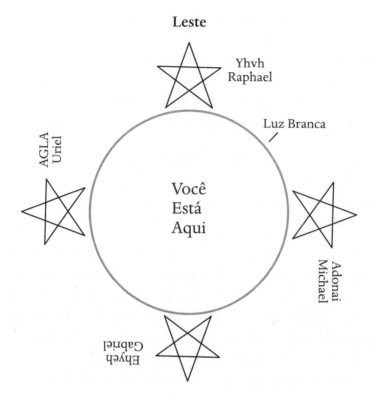

Diagrama do Ritual Menor de Banimento do Pentagrama

Invocação dos Elementais

Enquanto o Ritual Menor de Banimento do Pentagrama evoca imagens judaico-cristãs, a Invocação dos Elementais busca realizar a mesma configuração espacial com as imagens dos espíritos elementais. Praticado de forma muito semelhante, ele simplesmente substitui os Pentagramas pelos quatro triângulos elementais e os arcanjos pelos governantes elementais. Este ritual existe em muitas formas na magia moderna e é frequentemente encontrado na prática Wiccaniana.

Como antes, você começará se centrando com um dos exercícios discutidos anteriormente: o Pilar do Meio, a Meditação Rigpa ou a Meditação do Fio Branco. Feito isso, levante-se se estiver sentado e volte-se para o Leste, se for possível localizá-lo. Mais uma vez, sinta o fluxo de energia descendo da eternidade, passando por você até a terra firme e voltando ao seu ser. Posicione novamente sua mão dominante no *prana mudra*. Sinta a energia pura, irrestrita e universal fluir pelo seu braço e pelos seus dedos.

Uma névoa amarela fluindo da ponta dos seus dedos começa a ser percebida, use-a para desenhar um triângulo equilátero voltado para cima, colocando uma única linha horizontal no centro. Este é o triângulo que representa o elemento Ar. Empurre a mão para o centro dele e, virando-se para a direita, trace uma linha branca que formará o primeiro quarto de círculo. Se estiver mantendo a direcionalidade, nesta posição você estará voltado para o Sul.

A partir de sua nova posição, retire novamente a energia do poço infinito e sinta-a fluir pelo braço até a mão dominante. Desta vez é uma chama vermelha profunda que está sendo puxada. Com essa chama, desenhe outro triângulo equilátero voltado para cima, sem nenhuma linha que o atravesse. Este é o triângulo elemental do Fogo. Empurre a mão no centro dele, como fez com o triângulo anterior, e continue a linha de luz ao virar à direita para o Oeste.

Do Oeste, invoque novamente a conexão com a eternidade estabelecida. Traga sua energia refulgente para baixo, passando pelo seu braço, e para fora, passando pelas pontas dos dedos em uma água azul-safira. Escreva no ar diante de você outro triângulo equilátero, que deve apontar para baixo. Este é o triângulo elemental da Água. Empurre a mão para o centro dele e dê a terceira volta para ficar de frente para a direita, agora para o Norte, trazendo com você a linha de luz do centro do triângulo.

Agora que está voltado para o Norte, a última direção cardeal deste ritual, pela última vez você invocará a energia inviolável da existência e sentirá ela fluir pelo seu braço até a mão dominante, concentrando-se na ponta dos dedos. Para o triângulo final, desenhe em parreiras esmeraldas verdejantes, um triângulo equilátero voltado para baixo e atravessado por uma linha horizontal. Este é o triângulo elemental da Terra. Empurre a mão para o centro dele e vire-se pela última vez para a direita para ficar novamente voltado para o Leste. Traga consigo a linha de luz, completando sua circunscrição e formando o Círculo branco do seu espaço. Agora você está em um Círculo de luz branca com quatro triângulos elementais ao seu redor.

Para as suas invocações, chame os quatro governantes elementais. A esses espíritos, ou metáforas, se seu padrão assim preferir, foram atribuídos muitos nomes por diversos praticantes. Eu uso os nomes a seguir, porque foram os que me ensinaram quando fui exposto pela primeira vez a esse rito e que me foram apresentados como nomes tradicionais para os governantes elementais. Fique à vontade para usar os nomes de suas divindades elementais preferidas ou de criaturas elementais poderosas.

Continuando voltado para o Leste, fale em uma voz clara e objetiva as seguintes invocações:

Atenda-me, Paralda, governante do quadrante Leste,
senhor dos silfos e mestre do Ar.

Atenda-me, Djinn, governante do quadrante Sul,
senhor das salamandras e mestre do Fogo.

Atenda-me, Niksa, governante do quadrante Oeste,
senhor das ondinas e mestre da Água.

Atenda-me, Ghob, governante do quadrante Norte,
senhor das dríades e mestre da Terra.

Observe que esses espíritos elementais têm forma amorfa e não têm gênero, como se espera que o fogo ou a água tenham, portanto, *senhor* é apenas um honorífico que pode ser considerado intercambiável com qualquer outro, como *dama, duque, duquesa, rei* ou *rainha*.

Assim como no Ritual Menor de Banimento do Pentagrama, você pode querer invocar guardiões em sua *coroa* e *base*, usamos esses termos, porque *acima* e *abaixo* têm conotações ocultas diferentes. Como não há governantes elementais tradicionais de cima e de baixo, você pode acrescentar as seguintes invocações se achar que elas se adequam à sua prática:

Atendam-me, memórias de meus ancestrais,
e sejam a base de meu Círculo.

Atendam-me, bênçãos de meus guardiões,
e coroem meu Círculo.

Para a parte final do estabelecimento do seu Círculo, enraíze-se no centro dele e, depois de chamar os governantes, evoque a proteção deles. Fique de pé e visualize os elementos se unificando em seu interior. Talvez as raízes se estendam de seus pés, o gelo se cristalize em torno de suas pernas, o vento gire em torno de seu tronco e o fogo dance em seus braços. À medida que continuar praticando este ritual, maior chances terá de desenvolver suas visualizações preferidas.

Depois de permanecer por alguns instantes em sua visualização, sele o espaço com o seguinte encantamento:

Ó, governantes dos quadrantes, senhores dos elementos, ouçam-me. Eu consagro este espaço para a busca de minha Arte superior. Que nenhum mal aconteça aqui. Fortaleçam meu trabalho para que ele possa ser um instrumento do bem e permaneçam comigo até que meu propósito seja cumprido.

Agora é o momento de se sentar e conviver com os elementos, visualizar seus governantes em sua mente e meditar de outra forma. No final, talvez queira realizar uma das meditações de expansão que lhe foram ensinadas. Quando estiver pronto para encerrar o ritual, agradeça aos governantes dos elementos e peça que eles partam em paz. Agradeça aos seus guardiões e ancestrais por participarem do seu trabalho e peça que eles o protejam enquanto atravessa a existência. Por fim, permita que o santuário desapareça de sua mente e que a consciência não ritual surja novamente, terminando com a frase final:

Que seja assim.

Depois de concluir este segundo exercício de definição de espaço, não é de surpreender que eu recomende que faça anotações em seu caderno de trabalho. Observe como se sentiu, quais ideias ou noções lhe ocorreram e quais visualizações pode ter empregado. Agora que já praticou dois exercícios desse tipo, consegue perceber a diferença em suas experiências? Já deu para ter uma preferida? Faça suas anotações e amplie-as à medida que se familiarizar com essas duas metodologias.

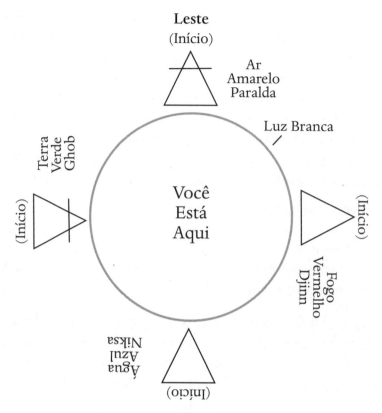

Diagrama de Invocação dos Elementais

Exercício das Quatro Paisagens

O Exercício das Quatro Paisagens não foi concebido para ser usado em conjunto com os dois exercícios anteriores de definição de espaço. Em vez disso, ele é uma alternativa para situações em que os dois anteriores são simplesmente inviáveis. A eficácia do Exercício das Quatro Paisagens aumenta exponencialmente quanto mais experiência tiver na execução do Ritual Menor de Banimento do Pentagrama e da Invocação dos Elementais. Isso se deve ao fato de que, quanto mais plenamente dominar os padrões sutis do trabalho, mais fácil será usar um exercício de forma curta como esse. Quando alguém sente a necessidade de consagrar e proteger a vizinhança imediata de seu espaço pessoal, mas não consegue realizar um ritual em voz alta ou se movimentar livremente, o Exercício das Quatro Paisagens é o atalho. Por exemplo, se sentir necessidade de contatar rapidamente um *eidolon* enquanto estiver no ônibus, este exercício é uma escolha melhor do que fazer isso sem nenhum santuário definido.

A postura e a direcionalidade são irrelevantes aqui. Seu primeiro passo é visualizar seu exercício de aterramento e centralização. Essa é uma versão sem entonação ou movimentos. É simplesmente a visualização do centro de energia infinito do Universo fluindo para você, através de cada um dos seus centros de energia, para a Terra e de volta para o seu ser. Acompanhe esse exercício com uma respiração lenta e relaxada.

Depois disso, em qualquer posição em que se encontre no momento, imagine-se no topo de um pilar incrivelmente alto de pedra cinza-prateada. Direcionando sua visão interior para o Leste metafórico a partir desse pilar, você verá uma paisagem coberta por uma densa névoa e folhas rodopiando em redemoinhos de vento. Os topos das colinas e das árvores mal se elevam acima da neblina. Acima dessa cena nebulosa, você deve visualizar o Arcanjo Rafael, ou o governante elemental Paralda, pairando em vigilância silenciosa. Ao observar essa paisagem, sinta o vento em seu corpo.

Em seguida, volte seu olhar interior para o Sul para observar outra paisagem. Um campo de magma sem fim com chamas dançantes sobre a pedra derretida. Sinta a explosão de calor deste panorama ao olhar em sua direção e veja o Arcanjo Miguel, ou o governante elemental Djinn, flutuando sobre a névoa de calor do pico de um vulcão fumegante. Ao contemplar essa vista, sinta o calor aumentar ao seu redor e visualize a dança das chamas.

Novamente, voltando seu olhar para o interior, olhe para o Oeste e visualize um oceano sem fim. As ondas batem e formam-se redemoinhos. As baleias sobem à superfície. Neste mar devoniano primitivo, veja que o Arcanjo Gabriel, ou o governante elemental Niksa, está sobre a superfície da água. Sinta o jato do mar sobre você enquanto aprecia essa terceira paisagem.

Finalmente, direcione seu olhar interior para o Norte, onde uma cadeia de montanhas se ergue, cravejada de gemas e metais preciosos, de uma floresta densa e antiga. No pico da montanha mais alta está sentado o Arcanjo Uriel, ou o governante elemental Ghob, em contemplação. Sinta a pedra sólida sob você e sinta o aroma de musgo ou argila ao entrar em contato com essa paisagem final.

Entenda que os guias vigilantes o protegem de todas as direções e prossiga com seu trabalho. Essa é a maneira mais rápida e discreta de definir o espaço ao chamar *eidolons* na vida diária e, portanto, você vai se familiarizar com ela rapidamente e provavelmente adaptará suas visualizações de acordo com sua preferência. Anote sua própria técnica em seu grimório à medida que ela cresce e evolui.

Depois de concluir a primeira seção deste livro, você aprendeu a alcançar um estado de calma e a definir o espaço ao seu redor. Esses são, de longe, os elementos mais importantes de uma prática mágica bem-sucedida neste sistema. Além disso, você foi orientado a fazer muitas anotações, o que serve como a prática mais útil para medir o progresso e promover a reflexão sobre sua jornada como magista. Esse foco na reflexão e na anotação também serve para prepará-lo para trabalhar com *eidolons*, o que envolverá o registro de seus detalhes em seu grimório e o desenvolvimento de várias cifras e sigilos para o trabalho.

Neste capítulo, apresentamos os elementos fundamentais da prática da magia ritual em geral. Essas práticas são a pedra angular a partir da qual você pode construir o templo de sua prática. Não as negligencie. Como qualquer edifício, se não for construído sobre uma base sólida, sua prática vai desmoronar. É recomendável praticar um dos exercícios de centralização da primeira seção deste livro regularmente por pelo menos trinta dias antes de avançar para o próximo grupo de técnicas. Você sempre pode ler mais adiante, mas evite se envolver em novos exercícios até que tenha dominado os elementos fundamentais.

CAPÍTULO 4

PREPARANDO-SE PARA O CONTATO

Tendo aprendido a centralizar sua consciência, agora você será apresentado aos conceitos exclusivos desse sistema. Esta seção vai instruir você sobre as ferramentas usadas para os empreendimentos que serão apresentados no próximo capítulo e culminará em um ritual concebido como uma declaração de autoiniciativa – uma declaração de intenção de prosseguir com dedicação ao trabalho.

Nos rituais a seguir, você vai utilizar uma ferramenta chamada "cetro". Maior do que uma varinha e mais curto do que um bastão, o cetro é um símbolo arquetípico de autoridade e direcionamento da intenção. Este instrumento é dividido em duas classificações: o Cetro Mágico e o Cetro de Artifício. Construído puramente pela vontade, o Cetro Mágico é o único instrumento verdadeiramente necessário para os rituais a seguir. Já o Cetro de Artifício é a ferramenta física que vai representar seu Cetro Mágico, uma âncora para ele no plano físico, assim como seu corpo é a âncora para sua consciência aqui na Terra.

Apresentaremos também o conceito de ungir uma ferramenta com óleo para consagrá-la e santificá-la, assim como uma receita de um óleo de unção. Por fim, vamos entender como usar cifras ou alfabetos simbólicos para codificar sua escrita. Essas cifras são recomendadas para escrever os nomes dos *eidolons* contatados para que possamos mantê-los em segredo. A motivação para este comportamento será discutida mais adiante.

Uma Observação sobre as Ferramentas

Nunca é demais enfatizar que nenhuma ferramenta é estritamente necessária. A vontade é o único agente necessário para operar sobre a existência. Entretanto, como em todas as coisas, as ferramentas podem facilitar uma tarefa. Você pode cavar um buraco com as mãos, mas uma pá ainda torna a experiência muito mais tranquila. Provavelmente chegará um momento em que a sua vontade tenha se exercitado de forma tão completa por meio dessas práticas, que as ferramentas se tornarão totalmente desnecessárias. Isso não quer dizer que não possa continuar usando-as. Alguns praticantes acham que a criação e o uso de ferramentas mágicas continua sendo algo gratificante e enriquecedor mesmo depois de elas terem passado do ponto de fazerem qualquer diferença tangível em sua prática.

Essa distinção é feita para incentivá-lo a abandonar a noção de que a posse de acessórios impressionantes confere alguma legitimidade à sua prática. Com muita frequência, como é o caso de grande parte da tendência de se concentrar no mundo material, esse pensamento é uma armadilha. É outra forma de acumulação do ego que deve ser evitada. A quantidade de dinheiro que você investe na aquisição de acessórios físicos não se correlaciona de forma alguma com a profundidade com que vai internalizar sua prática. A magia não é uma busca que seja afetada de alguma forma pelo poder de compra econômico, porque ela interage com a existência além desta ilusão física.

O Cetro Mágico

O Cetro Mágico não requer reagentes físicos; ele é uma construção de vontade pura e irrestrita. Ao criar essa construção, você deve começar chamando os quadrantes pelo método que preferir, seja ele selecionado entre os rituais de definição de espaço na primeira seção deste livro ou desenvolvido por conta própria, prestando atenção especial para ser claro e conciso em sua fala. Ao chegar ao seu santuário completo, voltado para a direção em que começou, você deve começar a reunir energia. Vários meses de prática já devem ter expandido sua capacidade de servir como um canal energético. Comece a extrair energia da eternidade, suba pela terra e entre em seu ser, mantendo a respiração rítmica durante esse processo. Quando sentir que reuniu uma grande fonte de energia, direcione o fluxo dela para os braços e estique as mãos diante de você, com as palmas voltadas uma para a outra. Visualize a energia fluindo de suas mãos e se encontrando entre elas, formando um cilindro fino do comprimento do seu braço que começa a brilhar como um bastão de pura luz. A energia deve estar fluindo continuamente através de você e para essa haste, seu cetro nascente.

A partir daqui você está em um território desconhecido, pois o cetro de cada magista é único. Um caduceu entrelaçado com serpentes de luz? Um cajado de pastor alado? Talvez uma barra octogonal de ametista coberta de olhos dourados? Não há limite para o seu Cetro Mágico, porque ele é feito de sua vontade. Permaneça em seu design, fazendo-o parecer como deseja. Não se preocupe em fazer a coisa "certa". Você pode refazer ou editar seu cetro a qualquer momento, repetindo este ritual.

Quando tiver formado o seu Cetro Mágico da maneira que achar melhor, sinta-o ser levado para a sua mão dominante e segure-o diante de você. Permaneça em sua presença por algum tempo. Quando estiver pronto, procure senti-lo se fundir em sua mão dominante, pronto para ser usado na próxima vez em que encenar seu trabalho. De agora em diante, você pode usar esse Cetro Mágico no lugar do *prana mudra*, se desejar. O Cetro Mágico é o seu verdadeiro cetro. Ele vai acompanhá-lo para onde quer que vá e vai atuar como um canal – uma lente de foco para a sua vontade. Grande parte do trabalho que fará com os *eidolons* mais adiante neste livro não estará confinado a um Círculo Ritual formal, assim, o Cetro Mágico, infinitamente portátil, será uma ferramenta indispensável.

Em seguida, crie um invólucro físico para o seu Cetro Mágico, conhecido como "Cetro de Artifício". Antes disso, no entanto, vamos criar um óleo de unção para ajudá-lo nesta empreitada.

Unção com Óleo de Abramelin

O Óleo de Abramelin é um óleo de unção tradicional na Magia Cerimonial, usado para consagrar um item ou espaço físico a serviço da Grande Obra da Magia. Aqui ele será usado na criação de um recipiente físico para o seu Cetro Mágico. Chamado de "Óleo de Abramelin do Novo Mundo", este óleo acrescenta um ingrediente nativo da América do Sul à sua fórmula tradicional, que, de outra forma, é composta de ingredientes do "velho mundo". Observe que, se não conseguir encontrar esses óleos, você pode completar o ritual com azeite de oliva puro, o que é perfeitamente aceitável, embora não proporcione o mesmo aroma único que pode servir como um auxílio sensorial para entrar em um estado ritual. Se optar pelo azeite de oliva puro, simplesmente engarrafe-o da mesma forma que faria com o Óleo de Abramelin e exerça sua vontade de acordo.

Há duas fórmulas para esse óleo: o concentrado e o difuso. O óleo concentrado destina-se especificamente à consagração de ferramentas mágicas, já o óleo difuso destina-se ao trabalho da magia cotidiana, quando você deseja incorporar a unção em seu projeto ritual. As proporções dos ingredientes para ambos são as seguintes:

- ½ parte de óleo de canela
- 1 parte de óleo de cálamo
- 1 parte de óleo de cássia
- 1 parte de óleo de copaíba
- 1 parte de óleo de mirra

- *Para difusão:* 6 partes de azeite de oliva
- *Para o concentrado:* 1½ parte de azeite de oliva

Para criar o óleo, misture os ingredientes em uma garrafa de vidro resistente, de preferência de vidro transparente ou azul. Na garrafa, grave, pinte ou desenhe em um rótulo o seguinte símbolo:

Símbolo do Óleo de Abramelin

Coloque a garrafa no meio de uma janela ou do lado de fora, à noite, quando a lua e as estrelas estiverem visíveis. Absorva a energia, sinta-a escorrer pelo seu braço, como nos rituais de configuração do espaço. A energia branca se transforma em prata brilhante à medida que flui da ponta de seus dedos para a garrafa e lá permanece, bebendo a luz da lua e carregando uma intenção de pureza. Deixe o frasco à vista da lua até o amanhecer, quando ele estará pronto para ser usado.

Depois de criar o óleo, guarde-o em um local fresco e escuro, como um armário, closet ou baú, quando não estiver sendo usado. Além da unção ritual, você pode querer usar esse óleo em um difusor ou em uma pedra-pomes durante os rituais.

Agora que o Óleo de Abramelin do Novo Mundo foi produzido, você pode usá-lo no ritual para criar o seu Cetro de Artifício. Este ritual conecta o Cetro Mágico a um ponto de ancoragem, o Cetro de Artifício, que existe no mundo físico e canaliza o Cetro Mágico para que possa se concentrar em outros detalhes.

O Cetro de Artifício

Basicamente, o Cetro de Artifício é um recipiente físico para o seu Cetro Mágico, uma âncora, usado principalmente em trabalhos rituais formais. Enquanto o seu Cetro Mágico o acompanha em todos os lugares, o seu Cetro de Artifício é um objeto físico que talvez não queira carregar no dia a dia. As dimensões recomendadas para um Cetro de Artifício são quase tão longas quanto o seu braço, do pulso ao ombro, e quase tão grossas em diâmetro quanto os dedos indicador e médio, lado a lado. No entanto, essa recomendação não é uma exigência rígida. O que for mais confortável para você está bom, embora um cetro, por natureza, deva ser mais longo do que uma varinha e mais curto do que um bastão. Com relação ao material, qualquer madeira, pedra, metal ou combinação desses materiais será suficiente. Os únicos materiais desaconselhados são os compostos feitos pelo homem, como plásticos, por exemplo, porque eles geralmente não conduzem energia tão prontamente quanto os materiais desenvolvidos na natureza. Materiais frágeis ou que se quebram facilmente, como vidro, cera e selenito, também devem ser evitados por questões de durabilidade. O Cetro de Artifício pode ser produzido de forma barata, como um bastão pintado, ou de forma luxuosa, como uma haste de prata maciça, e isso não afetará em nada sua potência. Ele é apenas uma âncora física para seu cetro verdadeiro.

A primeira tarefa na criação do seu Cetro de Artifício é adquiri-lo. Alguns magistas preferem fazer o seu próprio, enquanto outros preferem comprá-lo de um artesão. Se for adquirir um, geralmente é melhor comprar de um artista independente do que escolher algo produzido em massa. Isso porque você receberá algo que já foi tratado com reverência por um criador que possui opinião própria, em vez de algo estampado por uma máquina insensível. Depois de obter o seu Cetro de Artifício, unte-o com algumas gotas de Óleo de Abramelin do Novo Mundo em sua superfície e deixe-o ao lado de uma janela aberta desde o amanhecer de um dia até o amanhecer do dia seguinte – um dia e uma noite inteiros.

Depois de ter adquirido e ungido o seu Cetro de Artifício, agora é hora de definir novamente o seu espaço com um dos rituais do Círculo Sagrado descritos anteriormente neste livro ou com um de sua própria autoria. Desta vez, o Cetro Mágico será usado no lugar do *prana mudra*. Durante o lançamento do Círculo, mantenha o Cetro de Artifício estendido à sua frente na direção em que começou o ritual, de preferência sobre um altar ou, pelo menos, com um pano entre ele e o chão. Quando o Círculo estiver completo, levante o Cetro de Artifício com a mão não dominante e segure-o reto à sua frente, à distância de um braço. Ao mesmo tempo, levante o braço dominante e visualize o Cetro Mágico sendo segurado em sua mão dominante. Segure-o paralelamente ao seu Cetro de Artifício. Visualize seu Cetro Mágico alcançando seu Cetro de Artifício, atraindo-o, fazendo uma conexão. Talvez você o visualize enviando gavinhas de energia elétrica, um campo de luz ou vinhas intrincadas. Seja qual for a sua visualização, saiba que seu Cetro Mágico está formando uma conexão com sua âncora. Após alguns minutos dessa visualização, comece a aproximar lentamente suas mãos, visualizando o Cetro Mágico brilhando mais intensamente à medida que se aproxima do seu Cetro de Artifício. Por fim, coloque sua mão dominante em volta do Cetro de Artifício e visualize os dois cetros se fundindo. Agora mantenha as duas mãos ao redor do Cetro de Artifício. Mantenha os dois cetros juntos por alguns instantes, sentindo-os se misturarem e se conectarem. Quando sentir que a conexão foi estabelecida, separe lentamente as mãos novamente, desta vez segurando o Cetro de Artifício na mão dominante, e visualize que uma impressão nebulosa do Cetro Mágico está sobreposta ao Cetro de Artifício.

Seu Cetro de Artifício agora é um alojamento pronto para seu Cetro Mágico. Sempre que segurar seu Cetro de Artifício com sua mão dominante, o seu Cetro Mágico fluirá por ele sem impedimentos. A partir de agora, neste livro, quando um exercício o instruir a usar o seu cetro, saiba que ele pode ser usado com ou sem o seu invólucro físico. Como regra geral, se tiver tempo e espaço para chamar os quadrantes e criar um Círculo completo, seu Cetro de Artifício poderá ser usado. Caso contrário, é melhor usar o Cetro Mágico sem o conduíte físico.

Depois de estabelecer seu cetro, reserve um tempo para refletir sobre sua criação em seu livro de trabalho. Anote a aparência do cetro, as sensações que associa a ele e as visualizações que se formaram enquanto o criava. Se, a qualquer momento, desejar trocar seu Cetro Mágico, basta repetir o primeiro ritual. Assim como também se perder ou danificar seu Cetro de Artifício (o que espero que não aconteça, mas a vida tem sua maneira de agir com objetos físicos), basta repetir o segundo ritual para estabelecer uma nova âncora. É melhor guardar o Cetro de Artifício em um local próprio onde ele não seja danificado, como em um altar, sobre algum pano ou almofada ou em uma caixa ou baú acolchoado.

Como criar uma Cifra

As cifras têm sido usadas por magistas em toda a história escrita para codificar seu trabalho e manter seus segredos longe de olhos curiosos. Elas consistem em fórmulas de símbolos ou números que se correlacionam com letras do alfabeto, palavras ou frases. Cifras podem variar de simples a incrivelmente complexas. Na época em que o estudo da Magia era proibido por governos tacanhos, manter uma cifra era uma medida de proteção que poderia disfarçar as anotações do magista como um simples livro de registro. Hoje em dia, isso não é uma preocupação tão grande e você pode comprar este livro em diversos lugares. Entretanto, quando se trata de trabalhar com *eidolons*, há muita coisa que talvez queira manter oculta para os outros, especificamente seus nomes. Como verá mais adiante, um nome revelado por um *eidolon* só deve ser compartilhado se ele tiver lhe dado consentimento. Pense nisso como compartilhar o número de telefone de um amigo, isso não é algo que gostaríamos de fazer com qualquer estranho.

Aqui forneço duas cifras simples: uma cifra que correlaciona letras do alfabeto a símbolos alquímicos, e outra que usa as posições das letras em uma grade, gerando símbolos para essas letras. Esses são apenas exemplos; é altamente recomendável que desenvolva as suas próprias cifras, pois esses exemplos serão conhecidos por todos que lerem este livro.

O uso dessas cifras ou, de preferência, de cifras semelhantes que você criou, vai lhe dar alguma privacidade em seu trabalho caso seu grimório caia sob olhares curiosos. Esperamos que isso seja uma precaução desnecessária para você.

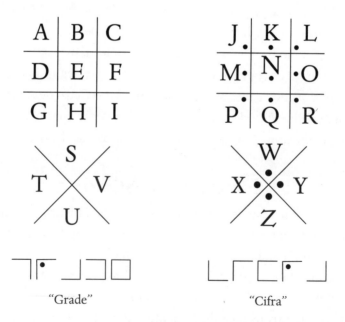

Exemplos de cifras

CAPÍTULO 4 | **PREPARANDO-SE PARA O CONTATO** | **71**

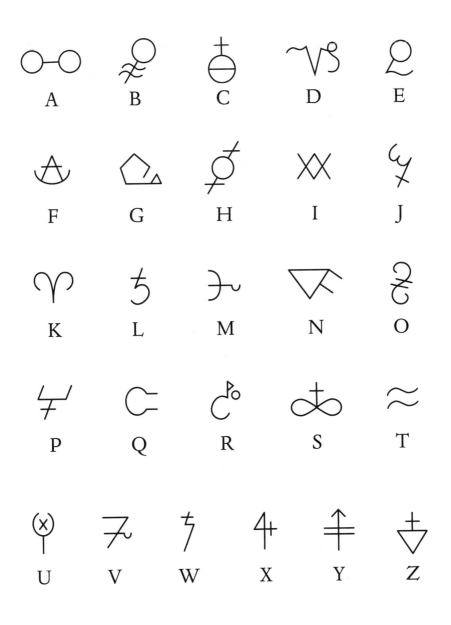

"Cifra"

Tabela de Cifras Alquímica

O Círculo de Ascensão Concêntrica

Agora você possui um cetro totalmente realizado. Parabéns. Você se submeteu aos exercícios regulares necessários para fundamentar e expandir sua consciência e seu ser, preencheu seu grimório com observações sobre as várias meditações e conceitos apresentados aqui e talvez tenha esboçado seu Cetro Mágico em seu grimório ou tenha feito artesanalmente seu Cetro de Artifício. Independentemente das especificidades exatas, se você chegou até aqui e levou a sério as técnicas e instruções deste livro, está pronto para dar o próximo passo e se referir a si mesmo como um adepto, alguém que entrou na prática de um magista atuante neste sistema. Após o ritual de dedicação a seguir, você estará no Caminho da Maestria. Um caminho que leva vidas a ascensão, proporcionando ao buscador muito enriquecimento ao longo do percurso.

O Círculo de Ascensão Concêntrica descreve tanto um ritual quanto o Círculo Ritual específico no qual ele ocorre. Se tiver espaço, o Círculo pode ser desenhado no chão. Caso contrário, será suficiente tê-lo em uma folha de papel grande diante de você.

Círculo de Ascensão Concêntrica

Para este ritual, você vai precisar do Círculo a seguir. Perceba que ele contém a palavra *Lord* (Senhor), que evoca uma divindade personificada. Isso não é necessário e ela pode ser trocada por espírito, destino, Universo, potencial ou qualquer outra palavra que se encaixe melhor em seu paradigma operacional.

Comece segurando o Cetro de Artifício com a mão dominante e chamando os quadrantes com o exercício de sua escolha. Depois disso, fique de pé (se o Círculo estiver no chão) ou concentre-se (se o Círculo estiver no papel ou no grimório) no olho no centro do Círculo. Levante o cetro diante de você e diga:

Estou no centro da roda, no olho do redemoinho, no ponto de apoio da balança.

Neste momento, unte a testa com uma pequena gota de Óleo de Abramelin do Novo Mundo, ou azeite de oliva puro, usando o polegar dominante ou o indicador, o que for mais fácil, enquanto segura o cetro.

Volte sua atenção para o primeiro quadrado do octagrama e sinta os quatro elementos das direções cardeais dançando em seus pontos correspondentes. Levante o cetro diante de você e diga:

Nos cantos cardeais, invoco os quatro portais materiais para que suas energias possam fluir livremente através de mim e encontrar harmonia em meu interior.

Os quatro portais materiais representam os quatro elementos clássicos Fogo, Água, Terra e Ar e, por sua vez, o mundo da matéria.

Em seguida, volte sua atenção para o segundo quadrado do octagrama e para os quatro elementos entre as direções em seus pontos correspondentes. Levante o cetro diante de si e diga:

Nos lugares intermediários, invoco os quatro portais imateriais, para que suas energias possam fluir livremente através de mim e encontrar harmonia dentro de mim.

Os quatro portais imateriais representam os elementos transubstantivos de luz, escuridão, vida e morte e, por sua vez, o mundo imaterial.

Por fim, volte sua atenção para o triângulo que circunda o olho no meio do Círculo. Levante o cetro acima da cabeça com a mão dominante e mantenha o braço não dominante ao lado do corpo, com a mão aberta e a palma voltada para a frente. Com as pontas dos dedos apontadas para o chão, diga:

> *Invoco o nono portal, o portal da unidade do qual todas as coisas fluem, o único que é muitos, a fonte de todas as coisas. Flua através de mim para que eu possa ascender ao ápice da Grande Obra. Transforme-me em um instrumento do bem mais elevado. Proteja-me para que eu possa permanecer com os eidolons. Julgue-me se eu me desviar voluntariamente do caminho da harmonia. Cure-me caso eu seja levado à discórdia.*

O nono portal representa a quintessência do espírito e retrata a perfeita harmonia com os elementos dos oito portais anteriores.

Bata a parte inferior do seu cetro no chão (não com muita força) e leia em voz alta as palavras no perímetro do Círculo:

> *Senhor, levante-nos para fazer a sua Obra.*

Conforme mencionado no início deste ritual, a palavra "senhor" pode ser substituída por espírito, destino, potencial, positividade, Universo, ou qualquer outra palavra significativa para você, de acordo com sua preferência. O "nós" desta invocação se refere a você e a todos os Magos que vieram antes e que virão depois.

Neste ponto, se desejar, fique de pé e permaneça nas emoções e sensações que este ritual evoca em seu interior. Permita que quaisquer mensagens ou visualizações disponíveis fluam pela sua consciência. No mínimo, respire fundo algumas vezes antes de prosseguir com o fechamento do Círculo da maneira que está acostumado, terminando com a frase final "Assim é" ou qualquer frase semelhante de sua escolha e permitindo que a visualização do ritual desapareça lentamente.

Faça anotações detalhadas dessa experiência em seu grimório. Ela indica que você está cruzando um limite e ultrapassando um limiar para se dedicar à Arte da Magia. Isso provavelmente marcará um ponto de inflexão para você e verá que seu trabalho ganhará uma nova profundidade. Por isso é bom marcar esse ponto. Se em algum momento você sentir que está duvidando ou simplesmente quiser reafirmar sua dedicação à Arte, este ritual pode ser repetido.

Depois de passar pelo Círculo de Ascensão Concêntrica, você agora está na antecâmara dos *eidolons*. A partir daqui estará preparado para interagir com essas inteligências no nível apropriado de receptividade.

CAPÍTULO 5

SELO, SIGILO E INVOCAÇÕES

Se você realmente acompanhou tudo de perto e fez o trabalho de cada capítulo até agora, parabéns, adepto, você passou pelos Nove Portais do Círculo da Ascensão Concêntrica e chegou ao ponto central deste trabalho. Tudo o que fez anteriormente o preparou para o que está por vir.

Nas páginas seguintes, você vai desenvolver o que chamamos neste sistema de "Arca", uma lista de entidades não físicas, chamadas de *eidolons*, que preencherão grande parte do seu grimório. Cada entidade aqui apresentada tem um nome, um selo e um sigilo, por meio dos quais poderão ser contatadas. Você será apresentado à estrutura conceitual de contato e invocação de *eidolons*, aos fundamentos preparatórios e às informações sobre quais deles são passíveis de serem contatados. Esses *eidolons*, o grupo central referido como o "Exército Interno da Arca", estão presentes nas Arcas de todos os magistas deste sistema. Além deles, espero que você, assim como eu, contate toda uma "cavalgada" de *eidolons* interessantes e benéficos por meio de suas próprias iluminações.

Sobre o Contato com os Eidolons

Neste sistema, definimos um *eidolon* como qualquer entidade não física e autoconsciente que nunca encarnou como uma criatura biológica na Terra. Ou, alternativamente, entidades que habitam a mente subconsciente. Essa classificação inclui muitas entidades e várias outras classificações. Entretanto, as três classificações principais que devemos nos preocupar são as dos Espíritos do Outromundo, os Primitivos e os Celestiais.

Os *eidolons* podem se sobrepor a essas classificações e você pode descobrir que a maneira como classifica as entidades com as quais trabalha mudará à medida que seu entendimento sobre elas mudar.

Espíritos do Outromundo são os *eidolons* que ocupam uma faixa de existência semelhante àquela em que vivemos. Isso quer dizer que eles são aproximadamente equivalentes a nós em qualidade e frequência de energia (mas não em magnitude). Os Espíritos do Outromundo incluem os elementais, os feéricos e uma série de Deuses e Deusas, entre muitas outras manifestações maravilhosas e misteriosas da consciência. Esses *eidolons* talvez sejam os mais facilmente disponíveis para contato. Essas entidades também podem ser vistas como partes da psique próximas à mente consciente, incorporando conceitos que são facilmente quantificados e explicados pela linguagem humana.

Os *eidolons* Primitivos são aqueles que ocupam uma faixa vibracional de existência inferior à que vivemos. Não usamos a palavra "inferior" como uma designação hierárquica aqui, mas como um valor tonal. São entidades ctônicas, que representam o inconsciente mais profundo e o misterioso caos préexistencial. Pode ser difícil manter uma comunicação com essas entidades sem algum tipo de prática. Em geral, os *eidolons* exigem uma linguagem inequívoca para se dirigirem a eles. Essas entidades também podem ser vistas como partes da psique no fundo da mente subconsciente.

Celestiais são os *eidolons* que ocupam uma faixa vibracional de existência mais elevada do que a nossa. Os arcanjos se enquadram perfeitamente nesta categoria. Eles existem em um plano de manifestação que vibra de forma clara e brilhante. Esses *eidolons* são entidades idealizadas que já alcançaram seus "Eus" superiores. Magos Ascensos e outros buscadores espirituais ascendidos ocupam essa categoria, assim como muitas divindades. Eles são altamente intuitivos e muitas vezes entendem o verdadeiro significado por trás de suas palavras, mesmo que você não entenda. Essas entidades também podem ser associadas a qualidades psicológicas aspiracionais e manifestações espirituais positivas, como compaixão, justiça, sabedoria e amor.

Para ajudar com esta classificação, quanto mais próximo da interação humana um *eidolon* tiver, maior a probabilidade de ele ser classificado como um "Espírito do Outromundo". Quanto mais a comunicação for transmitida por meio de emoções, sensações e imagens enigmáticas, maior a probabilidade de o *eidolon* ser classificado como "Primitivo". Por fim, quanto mais a comunicação se tornar como a transferência direta de ideias claras para a sua consciência na forma de inspiração, maior a probabilidade de o *eidolon* ser classificado como "Celestial".

Lembre-se de que essas categorias não são sagradas ou invioláveis. Elas são apenas categorias de trabalho para ajudar o magista a classificar os *eidolons* de sua Arca. Você pode, e provavelmente irá desenvolver subcategorias à medida que progredir. Talvez você escolha novas classificações ou evite a classificação em sua totalidade. Sua prática deve ser adaptada para atender às suas próprias necessidades.

O nome de um *eidolon* é muito parecido com um número de telefone ou endereço de e-mail. É um meio de comunicação instantâneo. Diferentemente da sociedade humana, o nome de um *eidolon* costuma ser a última coisa a se descobrir sobre ele, a menos que tenha sido apresentado por outro magista. Normalmente, o primeiro retorno que se recebe de um *eidolon* é o seu selo. Se o nome de um *eidolon* é seu número de telefone, o selo seria seu endereço de correspondência. Você usará o selo como foco de meditação para aprender gradualmente mais sobre ele. E poderá também desenvolver uma invocação, um chamado, ou seja, uma frase curta que poderá usar para enviar ao *eidolon* sua vontade e seu nome. Voltando à metáfora de telecomunicações, se o nome de um *eidolon* é o seu número de telefone, então um chamado é o aparelho com o qual estabelecemos contato com ele. Por fim, à medida que sua associação com um *eidolon* se tornar mais familiar, você atribuirá a ele um símbolo pequeno e fácil de desenhar, um sigilo, um símbolo físico que funcionará como se fosse uma discagem rápida. Usando selos, sigilos e invocações, você pode realizar todas as comunicações necessárias com os *eidolons* que encontrar.

Antes de continuarmos, é importante falar mais um pouco sobre privacidade. É um grave erro, e até mesmo uma violação da relação de trabalho compartilhada entre magistas e *eidolons*, revelar suas informações de contato sem consentimento deles. Como com qualquer amigo, você não daria as informações de contato de alguém a estranhos sem a aprovação deles. Os *eidolons* reunidos neste livro foram especificamente selecionados por estarem abertos ao contato de magistas e, mesmo assim, nenhum dos nomes que eles me deram foi compartilhado. Cabe a você, leitor, entrar em contato usando seus selos e sigilos e ver se eles estão dispostos a trabalhar com você.

É provável que primeiro perceba um *eidolon* como uma noção, um sentimento ou uma visão. Meditar sobre esse primeiro ponto de contato vai acabar lhe revelando o selo de um *eidolon*, que é um círculo perfeito contendo símbolos ou padrões representativos desse *eidolon*. Escreva esse selo em seu grimório, leve-o para o seu Círculo, toque o selo com seu cetro e reflita sobre ele. Pode ser necessário fazer várias tentativas, mas por fim, no tempo do próprio *eidolon*, ele vai se revelar. Talvez você fale ou se afaste dele antes de ouvir seu nome, mas não desanime. Os *eidolons*, assim como as pessoas, têm todos os tipos de personalidades e pontos de vista. Você deve trabalhar com eles para entendê-los e ganhar sua confiança. Ter uma Arca cheia de *eidolons* que mal conhece não é tão desejável quanto ter um punhado deles com os quais compartilhar uma conexão próxima. É claro que ter uma Arca com muitos *eidolons* com os quais você compartilha um vínculo estreito é uma meta ambiciosa.

Eventualmente, você vai aprender o nome do *eidolon* com o qual está trabalhando, escreva-o em seu grimório. Quando você criar uma página para um *eidolon*, é melhor deixar um espaço na parte superior para o nome dele. Entretanto, lembre-se de que esse nome deve ser escrito em cifra. O nome de um *eidolon* só deve ser compartilhado se ele tiver dado seu consentimento para ser apresentado a outros magistas. Esse compartilhamento é feito copiando as páginas do seu grimório em folhas de papel ou cartões para serem presenteados a outros magistas ou trocados entre qualquer círculo de praticantes ao qual você pertença.

Quando já estiver engajado há algum tempo neste trabalho e tiver contatado seus primeiros *eidolons*, você vai perceber que as respostas, ou até mesmo os nomes deles, chegam mais rapidamente, antes ou depois de seu selo. Considere isso como um sinal, você está crescendo como praticante, agradeça o voto de confiança.

Invocando Eidolons

Ao trabalhar com um *eidolon*, você deve atribuir a ele um sigilo, que é um sinal de chamada simples que se associa a ele em sua mente. Esse sigilo é usado como um atalho para chamar o *eidolon* e seu nome. Ele pode ser um pequeno símbolo escrito em um pedaço de papel ou em um objeto real, como um pequeno sino, um pedaço de osso ou um cristal. Para facilitar o uso, é recomendável desenhar o sigilo de um *eidolon* em um pedaço de papel ao chamá-lo, em vez de carregar várias bugigangas mais volumosas como representação. No entanto, a escolha é sua.

Quando tiver o nome de um *eidolon*, você poderá invocá-lo mesmo fora do ritual formal. Na verdade, essa é a maior parte do trabalho que terá de fazer quando sua prática amadurecer. Meditar sobre os selos, descobrir os nomes dos *eidolons* e atribuir-lhes sigilos pode ser considerado um processo de aceitação de trabalho em conjunto. Depois disso, começa o trabalho de fato. Você vai descobrir que cada *eidolon* tem suas próprias especialidades em termos de tarefas e metas, e que eles podem ajudá-lo a realizá-las, colaborando com os conhecimentos que podem transmitir e revelando até onde estão dispostos a ir para ajudá-lo. O último item dessa lista depende muito do relacionamento que você estabeleceu com cada *eidolon*.

Para invocar um *eidolon*, procure visualizar o selo dele em sua mente. Depois, segure o sigilo e invoque o nome dele com a frase de invocação que tiver escolhido. As Invocações de *eidolons* podem ser organizadas como desejar. Eu adotei uma fórmula geral que é a seguinte:

(Nome e/ou epíteto do eidolon), estou em um Círculo criado por mim mesmo e o chamo por (frase, conceito ou conceito temático de importância para o eidolon). Você (trataria/colaboraria/aconselharia/permaneceria) comigo?

É bom estar em um Círculo ao fazer isso, para evitar que entidades não convidadas entrem no seu espaço energizado. Entretanto, não é necessário fazer um Círculo formal completo. Em vez disso, pode imaginar um Círculo instantâneo ao seu redor, um Círculo criado por você mesmo. Traga esse Círculo para a superfície de sua mente, visualizando-o no chão ou no ar ao seu redor, afastando qualquer influência de seu trabalho.

Aqui, consideramos que a palavra *design* significa "vontade". Essa frase, usada em todas as invocações de *eidolon*, significa que você está em um Círculo composto por sua própria vontade. Você pode visualizar isso da maneira que quiser. Se não tiver certeza de qual visualização empregar, um triângulo dentro de um círculo dentro de um quadrado é uma boa opção visual. Talvez você possa visualizá-lo ganhando vida em um fogo púrpura ou brilhando como um sol. O importante é que se baseie profundamente na conexão raiz que estabeleceu por meio dos exercícios de centralização e permita que a energia irrestrita da existência que praticou ao permanecer nela flua ao seu redor e se manifeste em seu Círculo.

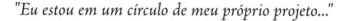

"Eu estou em um círculo de meu próprio projeto..."

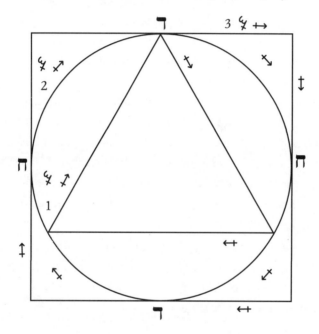

Um exemplo de Círculo criado por você mesmo

O Exército Interno da Arca

O Exército Interno de uma Arca se refere a todos os *eidolons* que residem dentro de um espaço criado pelo magista. É como se fosse uma "seção" do nosso grimório, dedicada à catalogação de *eidolons*. Essa seção não precisa ser conjunta, nem mesmo confinada a um único grimório. O objetivo aqui é simplesmente entender ao que ela está se referindo quando menciona sua Arca: a coleção de todos os *eidolons* conhecidos por você. O Exército Interno se refere à coleção dos dezoito *eidolons* mencionados neste livro, que todos os praticantes podem incluir em suas Arcas pessoais. É aconselhável tentar entrar em contato com pelo menos metade dos *eidolons* que compõem seu Exército Interno – e trabalhar com sucesso com pelo menos três deles – antes de passar a procurar novos *eidolons* para entrar em contato.

Para começar a trabalhar com seu Exército Interno, você pode selecionar o selo de um *eidolon* e tentar fazer contato da maneira padrão descrita anteriormente, que é começar meditando sobre o selo do *eidolon* e estendendo a mão com a sua vontade. Durante esta meditação, você deve segurar o sigilo do *eidolon* e pronunciar sua invocação. Os selos, os sigilos e as invocações para os dezoito *eidolons* do Exército Interno são fornecidos nas páginas seguintes. O chamado pode incluir o nome do *eidolon*, um epíteto ou simplesmente um espaço reservado que descreva como você o conheceu ou uma qualidade que associa a ele. Lembre-se de que o nome que um *eidolon* dá a um magista pode não ser o mesmo dado a outro, e isso é válido e esperado. Usar um nome em uma invocação é tanto uma forma de um *eidolon* identificá-lo quanto de você o identificar, pois eles se lembram dos nomes que dão e a quem. Também fica entendido que nenhum nome contido no Exército Interno de sua Arca deve ser dado a outros magistas em nenhuma circunstância, pois contatar esses primeiros dezoito *eidolons* é um rito de passagem e não deve ser negado ou contornado com atalhos. Isso seria uma grave violação do protocolo e pode fazer com que um *eidolon* se torne difícil de trabalhar ou não responda mais no futuro. Uma vez que seja desenvolvida uma relação de consideração mútua, muitos *eidolons* do Exército Interno serão excelentes guias para sua prática.

Considere cada entrada de *eidolon* no seu Exército Interno da Arca como um projeto para as entradas de todos os *eidolons* que contatar no futuro. Cada entrada incluirá um espaço para o nome do *eidolon* (neste livro o nome é substituído pelo número da entrada do *eidolon*), ou seu próprio nome, quando já revelado, um selo, uma descrição que denota como o *eidolon* apareceu e quais suas especialidades, e uma descrição que denota como seu sigilo aparece quando desenhado no papel. Lembre-se de que as entradas do seu Exército Interno estão todas completas, mas ao entrar em contato com novos *eidolons*, você preencherá seu grimório pouco a pouco à medida que descobrir mais sobre eles.

A seguir, vamos nos referir a alguns *eidolons* com pronomes de gênero. Isso reflete apenas a expressão de gênero que eles escolheram usar com mais frequência em suas relações comigo. Os *eidolons* não são limitados pela matéria física e podem optar por expressar suas identidades de qualquer forma concebível. Eles são seres de pura consciência energética e não estão presos aos preconceitos ou categorizações do mundo material ou de seus habitantes.

Nesta mesma linha, é importante abandonar o mito de que existe um jeito "verdadeiro". A consciência, seja ela encarnada em nós, humanos, seja ela livre e fluida como acontece com os *eidolons*, não tem forma, não tem nome e é atemporal. Todas as camadas de forma e nomenclatura são usadas como vestimentas pela consciência e são facilmente descartadas. Embora as formas estejam listadas nas descrições dos *eidolons* a seguir, isso se deve ao fato de eles terem aparecido assim em várias ocasiões para mim. Essas formas costumam variar um pouco, mesmo na prática diária de um magista, e podem ser alteradas por um *eidolon* a seu bel-prazer para transmitir mudanças de humor, propósito ou simplesmente de preferência. A razão pela qual elas são incluídas é para dar ao iniciante um ponto de referência a partir do qual ele possa visualizar, se desejar.

Também é importante esclarecer que muitos dos *eidolons* a seguir são mencionados como se presidissem ou tivessem domínio sobre determinados conceitos ou temas. Isso não significa que eles governam ou possuem esses domínios em um nível existencial, mas, sim, que esses são os conceitos aos quais estão associados nesta Arca. Os *eidolons* interagem com diferentes magistas de diferentes maneiras, e a forma de assistência e habilidades que eles oferecem variam de mago para mago.

Recomendo que leia todas as dezoito entradas de *eidolon* e encontre a que mais ressoa com você antes de decidir com qual delas tentar contato primeiro. Mais informações sobre como entrar em contato com os *eidolons* podem ser encontradas na seção intitulada "Utilização de Registros de Eidolons", que vem logo após a décima oitava entrada.

O Primeiro Eidolon

O *primeiro eidolon* é um Espírito do Outromundo. Ele se autodenomina uma divindade da vida, da música, da alegria e do júbilo. Seu sigilo é a imagem de uma lira desenhada de forma simples. Ele pode ser chamado pela música contida em nosso coração. Por exemplo:

(Nome), risonho senhor da melodia, estou em um Círculo desenhado por mim mesmo e o chamo pela canção em meu coração. Você quer interceder por mim?

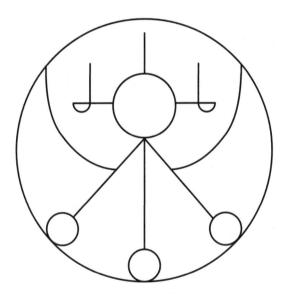

Selo do Primeiro Eidolon

Este *primeiro eidolon* aparece com mais frequência como uma figura alegre e élfica, vestida com cores vivas e portando um instrumento, geralmente de cordas. Embora na maioria das vezes tenha aparecido para mim como um jovem do sexo masculino, ele deixou claro que tende a combinar sua aparência com a expressão de gênero do magista. Isso é para facilitar uma atmosfera de companheirismo. O *primeiro eidolon* gosta de interagir de maneira agradável, casual e solidária. Ele busca inspirar o magista a criar, explorar e sentir alegria. Sua principal lição é ver a vida encarnada no mundo material como uma bênção e uma chance de explorar uma infinidade de sensações e ainda apreciar inúmeras belezas.

Considerado um tipo de "empresário", o *primeiro eidolon* se deleita em ajudar em qualquer empreendimento artístico ou ato de exultação, espalhando um senso de alegria de viver. Este talvez seja o mais caloroso e amigável dos *eidolons* desta lista e muitas vezes ele está ansioso para demonstrar isso. O *primeiro eidolon* pode querer apresentá-lo a outros *eidolons*, de cuja presença ele acredita que você vai se beneficiar. É provável que esses *eidolons* que serão apresentados a você sejam Espíritos do Outromundo com uma tendência semelhante a dele próprio. Esses amigos geralmente são descritos como membros do que chamaríamos de "panteão", embora não seja um panteão de fé terrena ou histórico, nem aqueles que buscam adoração ou fidelidade.

O *primeiro eidolon* é um excelente guia, cuja função é explicada no capítulo 6, pois sempre fica feliz em conversar com amigos em potencial e apresentá-los a outros.

Ouvindo o Primeiro Eidolon

Como acontece com todos os *eidolons*, sua primeira tentativa de entrar em contato com um deles deve ser concentrando-se na meditação do seu selo em um Círculo ritual. É muito provável que essa meditação inicial não tenha nenhum resultado tangível. Não fique desanimado. Quando já estiver trabalhando com os *eidolons* há algum tempo, esses contatos iniciais serão mais imediatos e frutíferos. Por enquanto eles servem como apresentações. Permita que o *eidolon* que está tentando contatar seja exposto à sua energia e avalie se vocês podem trabalhar bem juntos. Para o *primeiro eidolon*, tentar o contato inicial em uma área natural, especialmente perto de flores silvestres, pode ser benéfico. Também pode ser útil incorporar um óleo perfumado ou incenso preferido, uma música ou até mesmo uma refeição ritual em sua tentativa. Como sempre, e para todos os registros de *eidolon* a seguir, isso tudo são aprimoramentos, não necessidades.

A única habilidade que você vai precisar cultivar para estabelecer um contato confiável com seu *primeiro eidolon*, é a arte de ouvir profundamente a existência. Cada *eidolon* tem suas próprias maneiras de se comunicar e elas são únicas. Muitas informações serão enviadas por meio de sussurros sutis de intuição e presságios antes mesmo de você ter o que outros poderiam classificar como uma "conversa". Aqui, e em todas as entradas a seguir, você receberá orientações sobre como os *eidolons* do Exército Interno da Arca normalmente se comunicam. Isso não quer dizer que eles não tenham outros métodos, suas nuances podem variar entre os adeptos, mas na minha experiência, cada *eidolon* tende a favorecer certos modos de contato.

O *primeiro eidolon* é um ser altamente sensorial e tentará tornar sua presença conhecida invocando lembranças de aromas florais, como madressilva, gardênia ou lilás. Ele geralmente se comunica por meio de canções ou de rimas faladas. Essa comunicação se manifesta de várias maneiras, mas é importante entender que se trata de algo que você sente. Ouvir uma música sendo tocada nem sempre é uma comunicação, agora, ouvir uma música ou um acorde que toca você, que parece carregada de presença, pode muito bem ser. Discernir a sensação única de um *eidolon* que está se aproximando é uma daquelas habilidades que só podem ser aprimoradas com a prática ao longo do tempo.

Dito isso, como magos, entendemos que devemos moldar nossa realidade. Embora não possamos forçar um *eidolon* a se manifestar de forma ética ou segura, podemos certamente aumentar as chances a nosso favor, certificando-nos de que nos colocamos em situações que dão a um *eidolon* ampla oportunidade de se tornar conhecido por nós. Assim, ao aguardar o reconhecimento do *primeiro eidolon*, é particularmente útil se envolver em atividades como escrever ou ler poesia, ouvir música, cantar, tocar um instrumento, arrumar flores, saborear uma comida ou bebida favorita, caminhar por um jardim botânico ou assistir a um festival ou concerto animado.

O Segundo Eidolon

Este é outro Espírito do Outromundo, embora um pouco mais reservado do que o *primeiro eidolon* que você conheceu. Ele se refere a si mesmo como uma divindade da morte, das transições e da liminaridade. Um patrono dos buscadores espirituais e daqueles que buscam conhecimentos obscuros ou ocultos. Pode ser invocado pela sombra na soleira da porta ou pela lanterna na encruzilhada. Seus sigilos são a lanterna e a foice de mão. Qualquer um deles pode ser desenhado em um simples papel e segurado na mão ao invocá-lo.

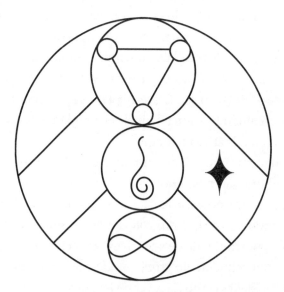

Selo do Segundo Eidolon

Assim como o *primeiro eidolon* e diferente de muitos outros que veremos a seguir, o *segundo eidolon* geralmente aparece como uma figura élfica de proporções humanoides. Seu corpo é frequentemente envolto em tecido preto, como se estivesse mumificado e adornado com vestes funerárias esvoaçantes de tecido de seda preto semelhante. Segurando em sua mão direita tem um implemento de colheita único, que ele descreve como algo usado para arrancar frutas de galhos em outros mundos ou dimensões. Esse objeto, um pequeno gancho afiado em uma vara longa, parece ser algo que ele considera um distintivo de seu cargo. Seja qual for a forma que assuma, geralmente ele incorpora este instrumento em sua imagem. Quando ele nos visita, costuma vir acompanhado por muitas lanternas flutuantes de vários tons frios de azul, roxo e azul-petróleo. Essas lanternas servem de guia para os espíritos dos recém-falecidos e simbolizam seu papel como psicopompo.

O *segundo eidolon* tem temperamento calmo e fala mansa; ele fala de forma concisa, é um observador perspicaz e muitas vezes entende detalhes e nuances na fala e nos modos do magista dos quais nem ele mesmo pode estar ciente.

Embora todos os *eidolons* possam ajudá-lo e enriquecê-lo de inúmeras maneiras, o *segundo* é especialmente hábil e entusiasmado em ajudar nas diversas maneiras de introspecção. Ele se sente à vontade no silêncio e pode ajudar a promover a calma interior, silenciando as vozes da ansiedade, da dúvida e do medo. Ansioso para se envolver em qualquer pesquisa, a descoberta do conhecimento é algo que este *eidolon* valoriza muito. Para este fim, ele preside um método de adivinhação avançado específico, que poderá ser abordado em trabalhos futuros. Este eidolon é excelente companheiro para qualquer tipo de adivinhação.

Outra tarefa importante que o *segundo eidolon* tem o prazer de realizar é ajudar a processar a dor da perda e aliviar o medo da morte. O *segundo eidolon* deseja muito ajudar os seres físicos a chegarem a um entendimento verdadeiro de que a consciência é eterna e a morte é uma fase transitória. Juntos, o *primeiro* e o *segundo eidolon* transmitem a lição de que devemos beber profundamente da taça da vida, sabendo que um dia a morte chegará e que, tendo ciência disso, devemos nos assegurar de fazer o tipo de bem que vai durar mais do que seu tempo neste mundo físico.

Ouvindo o Segundo Eidolon

Ao contrário do *primeiro eidolon*, estabelecer um contato inicial com o *segundo eidolon* é mais tranquilo em locais calmos e silenciosos. A luz fraca de velas ou lanternas, especialmente as de papel coloridas, é propícia para este trabalho, assim como a presença de resinas de queima lenta, como mirra ou copal. O *segundo eidolon* raramente se comunica em uma natureza sensorial. Em vez disso, ele costuma se comunicar por meio de ondas emocionais de calmaria ou de lembranças repentinas de entes queridos que já se foram.

O *segundo eidolon* gosta de estabelecer contato em locais sagrados, especialmente aqueles com idade significativa, e frequentemente se comunica quando está perto de santuários. Ele também pode ser despertado para o interesse quando está envolvido em trabalhos de adivinhação e raramente responderá ao seu pedido de contato inicial em locais barulhentos, com iluminação intensa ou com muita gente. Outras áreas em que a presença dele pode ser sentida facilmente são os espaços liminares, como estações ferroviárias, aeroportos, vagões de metrô e paradas de descanso em rodovias, tudo isso fora do horário de expediente, quando são mais escassamente povoados.

O Terceiro Eidolon

Este é o primeiro *eidolon* Primitivo do Exército, um dos mais difíceis de lidar entre os dezoito *eidolons* contidos neste livro, assemelhando-se à interação humana cotidiana. O sigilo deste *eidolon* é o escaravelho ou um inseto urticante, desenhado em preto. Ele é o portador e o mitigador de enxames e pestilências, governante das coisas quitinosas e senhor das vespas, gafanhotos e escorpiões. Frequentemente chamado de "senhor do enxame" ele pode ser invocado pela asa do gafanhoto, pelo zumbido do enxame ou por "aquele que é muitos".

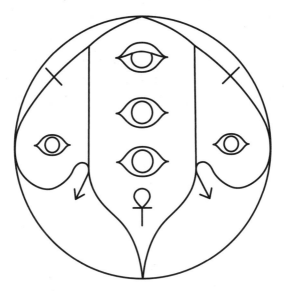

Selo do Terceiro Eidolon

O *terceiro eidolon* geralmente aparece como um homem humano, pálido e emaciado, vestindo um traje de couro mofado surrado e esfarrapado em volta da cintura. Como muitas das figuras aladas do Exército, ele geralmente não usa nada em seu torso. Este *eidolon* possui um braço esquerdo insectóide e grandes ombros que parecem asas de pássaros. Em vez de penas, elas são pinçadas por grandes asas de libélula. A parte inferior de seu rosto costuma ser coberta por uma máscara de gás, um pano ou um *menpō* (máscara).

Apesar de sua aparência sinistra, este *eidolon* não é uma entidade hostil. Nenhuma das entidades listadas neste livro destinado a novos adeptos são hostis. Entretanto, ao contrário do *primeiro* e do *segundo eidolon*, ele também não é particularmente benéfico. Em vez disso, o terceiro *eidolon* se preocupa muito com coisas rastejantes, rangentes e com ferrões. Ele não é um conversador ávido e tende a responder com gestos e ondas de emoção mais do que com ideias que possam ser formadas em palavras.

Dito isso, o *terceiro eidolon* é detentor de um profundo conhecimento, pois observou grande parte da história natural deste mundo por meio dos olhos facetados de suas responsabilidades. Ele conhece muito sobre os ciclos da vida e os hábitos de insetos e aracnídeos. Se for persuadido a falar sobre este assunto, por interesse ele irá regalá-lo com reflexões sobre todos os tipos de coisas rastejantes. Se for pedido com clareza, ele pode ajudá-lo a afastar vespas ou outros insetos para que não entrem em conflito com os humanos e encontrem seu fim. Ele também tem acesso a um número infinito de moscas que ficam literalmente nas paredes e, como tal, pode coletar uma grande quantidade de conhecimento observacional, caso volte sua vontade para este fim.

Como acontece com todos os *eidolons* Primitivos, o *terceiro eidolon* deve ser abordado com pouca ambiguidade. Ele vai entender o que você disser literalmente, pois é uma criatura que ocupa uma faixa de existência mais rígida e de vibração mais lenta. Vários *eidolons* Primitivos descritos aqui são incapazes de entender a comunicação com nuances no nível que os Espíritos do Outromundo ou os Celestiais conseguem. Eles geralmente têm menos pontos em comum com os humanos para inferir e exigem declarações inequívocas em vez de metáforas. Entrar em contato com o *terceiro eidolon* é uma tentativa útil de falar com os *eidolons* Primitivos, pois, se erros forem cometidos, é mais provável que ele se afaste desinteressado ao invés de se ofender.

Ouvindo o Terceiro Eidolon

Fazer o primeiro contato com o *terceiro eidolon* pode ser um pouco difícil para pessoas mais sensíveis, pois ele quase sempre o fará por meio dos padrões de voo de abelhas, vespas e vespões, quando disponíveis na área do magista. Se essas criaturas não estiverem disponíveis, ele se comunicará por meio do movimento de outros insetos, especialmente formigas. Isso não quer dizer que cada observação de uma criatura quitinosa será uma comunicação sutil do *terceiro eidolon*, mas você poderá sentir a presença dele por meio dessas coisas às vezes. Além disso, o *terceiro eidolon* prestará muita atenção em como você trata essas criaturas, especialmente as abelhas quando elas cruzarem seu caminho, embora ele entenda a necessidade que os humanos têm de evitarem insetos mais parasitas, como mosquitos e carrapatos.

Criar condições ideais em um primeiro contato na intenção de fazer o *terceiro eidolon* responder ao seu convite para integrar seu Exercício Interno em sua Arca, pode ser um grande e difícil desafio. Tenha em mente que as condições ideais são um incentivo, não uma necessidade.

Eu diria que o lugar ideal para escutar o *terceiro eidolon* seria em um apiário, mas não aconselho ninguém, a não ser um apicultor treinado, a andar por esses lugares. De fato, um apicultor teria a profissão perfeita para desenvolver um forte vínculo com o *terceiro eidolon*. Como alternativa, pode-se procurar lugares para observar os insetos em suas vidas diárias. Isso pode ser algo tão comum quanto observar algumas abelhas em um quintal. Manter uma fazenda de formigas ou um inseto de estimação, como um besouro, também pode servir para conectá-lo mais intimamente ao *terceiro eidolon* e oferecer muitas oportunidades de receber suas mensagens.

O Quarto Eidolon

O *quarto eidolon* também é um Primitivo. Seu sigilo é a semente negra ou o disco de ônix. Ele é o guardião de muitos mistérios perdidos, dos segredos de civilizações mortas há muito tempo e das verdades trancadas na mente inconsciente. Este *eidolon* tem poder sobre a escuridão e, até certo ponto, sobre a entropia. Uma vez feito o primeiro contato, é mais fácil falar com ele na escuridão total. O *quarto eidolon* é um mestre da magia ctônica e da manifestação de coisas simbólicas na realidade física.

Selo do Quarto Eidolon

Aparentando um homem alto, com quatro braços e pele negra como azeviche, a postura do *quarto eidolon* é majestosa. Ele está vestido tal qual um Sacerdote acadiano em branco e dourado. Acima de sua cabeça, flutua uma coroa dourada em forma de zigurate e em ambos os lados de sua cabeça, nas têmporas, paira um obelisco cristalino verde brilhante com cerca de um palmo de altura. Frequentemente, ele é adornado com elaboradas joias de ouro.

Ao contrário do *terceiro eidolon*, o *quarto* é bem versado em conversação humana. Ele se deleita com histórias e mitos e está ansioso para ouvir sobre seu trabalho e oferecer anedotas sobre magos antigos. Já em comparação com o *segundo eidolon*, ele é mais motivado pela coleta de conhecimento do que por sua disseminação.

O *quarto eidolon* pode trazer ajuda especializada especialmente na manifestação de sua vontade em lugares distantes. Ele pode ser enviado para realizar seus objetivos em locais remotos e é um excelente companheiro nas meditações em que o objetivo é extrair sinais manifestos ou sabedoria das profundezas da mente inconsciente. Como tal, ele é um ótimo parceiro na meditação tonal que apresentaremos no capítulo 8.

Este *eidolon* é uma entidade ferozmente curiosa, que cria laços prontamente com magistas dedicados. É provável que ele não dê importância àqueles que considera meramente iniciantes e tenha uma consideração especial por aqueles que estão praticando as artes arcanas há várias vidas, com os quais ele sente afinidade. Este temperamento o leva a buscar carta branca para entrar no espaço do magista e observar seus trabalhos mágicos. Com isso, ele geralmente fica feliz em desempenhar o papel de guia.

O *quarto eidolon* pode ser invocado pela escuridão além das estrelas.

Ouvindo o Quarto Eidolon

A melhor maneira de ouvir o *quarto eidolon* é, muito provavelmente, na escuridão total. Ele tende a tornar sua presença conhecida por meio de surtos de inspiração mágica e sentimentos de profunda curiosidade sobre a natureza da existência. Também é provável que ele se manifeste nos sons ambientes de uma biblioteca ou de um museu, ou nos ruídos noturnos de uma universidade movimentada que fica quieta depois do expediente. Ele pode chamar sua atenção para uma linha de um livro deixado aberto em uma livraria ou para uma frase deixada em um quadro branco da universidade.

Este é um dos *eidolons* do Exército Interno mais fáceis de se ouvir. Ele é atraído pelo trabalho mágico. Para um magista, deve haver muitas oportunidades de ouvir a resposta dele ao seu primeiro pedido de contato. Lojas que atendem a assuntos metafísicos, ocultos e mágicos também é um bom lugar para ouvi-los; talvez algo tão mundano quanto o sino de uma porta ou tão sutil quanto o cheiro de um livro recém-impresso. Você pode detectá-lo na escuridão nascente, logo após a tela do mundo das formas se abrir, ou sentir uma presença iminente lendo sobre seu ombro.

O Quinto Eidolon

O próximo dessa série de dezoito *eidolons*, o *quinto eidolon*, em uma linha de classificação, poderia ser qualificado tanto como um Espírito do Outromundo como um Primitivo. Seus traços são primitivos na medida em que ele é inequívoco em suas relações e possui intensa preocupação com um foco específico, o entrelaçamento de feridas e os sistemas do corpo físico, a ponto de ter uma mente única. No entanto, também está claro que ele é capaz de interações variadas e matizadas quando decide se afastar de seu fascínio persistente pela cura de doenças da forma física. Como tal, ele é classificado como um Espírito do Outromundo, embora tenha a tendência de se fixar demais a ponto de ignorar conversas que não envolvam sua paixão singular.

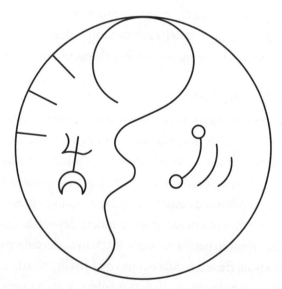

Selo do Quinto Eidolon

O sigilo do *quinto eidolon* é o cajado ou uma bengala retorcida. Ele é um médico benevolente que alivia os males. Conselheiro sagaz em fisiologia, biologia e farmacologia, este *eidolon* tem prazer em ajudar no estudo dessas áreas. Um purificador e protetor contra espíritos venenosos, contra má vontade projetada e outras formas de toxicidade. O *quinto eidolon* pode ser invocado pelo ramo da cura ou pelas águas da vida.

Geralmente ele aparece como um homem velho e magro, com a cabeça de um abutre negro, usa uma camisa branca e carrega uma bengala torta. Embora seja incapaz de sorrir nessa forma, ele projeta o ar de um ancião gentil e seu sorriso conhecedor pode ser sentido além da necessidade visual. Um raro desvio de sua preocupação com várias artes de cura, o *quinto eidolon* também gosta de dar conselhos gerais sobre a vida, da mesma forma que um ancião daria às crianças de sua comunidade. Ele pode ver isso, por si só, como uma forma de cura de traumas, de padrões de comportamento aprendidos no mundo material e ainda ajuda a promover um senso de aceitação.

Ouvindo o Quinto Eidolon

Ao enviar seu primeiro convite por meio da meditação no selo do *quinto eidolon*, é bom fazer isso com ervas medicinais frescas ao seu redor e em uma sala limpa e organizada. A queima de velas brancas e ervas secas também pode criar o ambiente apropriado para o *quinto eidolon*, que deseja um ambiente de cura. Depois de ter feito isso, há muitas maneiras de o *quinto eidolon* se tornar conhecido antes de conversar com você.

É provável que o *quinto eidolon* comunique sua resposta ao seu primeiro convite em farmácias, hospitais ou até mesmo em consultórios veterinários. Da mesma forma, ele se sentirá confortável nos domínios de muitos lugares onde a cura tradicional é praticada. Este eidolon se fará presente nos sons dos aparelhos médicos, nos aromas da aromaterapia e na sensação de alívio quando um músculo tenso finalmente relaxa. Ele também se comunica por meio dos movimentos e chamados de pássaros, especialmente corvídeos e abutres.

O Sexto Eidolon

Considerado um Espírito do Outromundo que conhece tesouros escondidos e traz sorte para obtê-los, o *sexto eidolon* adora, acima de tudo, coisas de beleza estética. Ele é particularmente entusiasmado com esculturas, joias e trabalhos em metais preciosos.

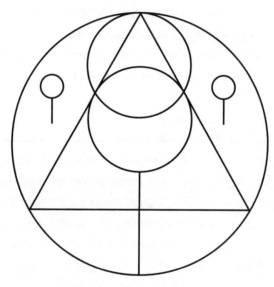

Selo do Sexto Eidolon

O *sexto eidolon* incentiva aqueles que produzem coisas preciosas e, como tal, é um patrono natural dos joalheiros, escultores e pintores. Ele se preocupa com a preservação de obras de arte antigas e é amigo de conservadores, restauradores e arquivistas. O *sexto eidolon* é um grande amante de pedras preciosas e minerais e pode ajudar a localizar, avaliar e trabalhar com elas.

Na maioria das vezes, este Espírito do Outromundo aparece como um jovem andrógino com cabelos dourados, belas asas de arco-íris no lugar dos braços e a parte inferior do corpo de uma serpente esmeralda da cintura para baixo. Muitas vezes, ele aparece com uma grande harpa dourada que toca aparentemente apenas com o pensamento. Ele é adepto da técnica da ressonância tonal, que é descrita no capítulo 8.

O sigilo do *sexto eidolon* é um buraco de fechadura. Ele pode ser chamado pela luz através de um buraco de fechadura ou pelo cinzel do escultor.

Ele pode ficar bravo com aqueles que procuram usar sua ajuda para fins avarentos e desdenhar daqueles que acumulam objetos de beleza, não compartilhando o que for belo para que possa ser admirado por muitos. Além disso, ele não tolera a destruição como meio de obter coisas belas. Desta forma, ele se opõe inatamente à mineração destrutiva ou exploradora e desaprova profundamente o roubo de obras de arte de seus criadores.

Ouvindo o Sexto Eidolon

É melhor estabelecer o pedido de primeiro contato com o *sexto eidolon* quando estiver cercado por objetos de beleza, como esculturas ou pinturas, ou por pedras preciosas e semipreciosas. Um museu de arte ou uma caverna de cristal seriam ideais, mas infelizmente não são privados o suficiente para um ritual de primeiro contato. A música de cordas, especialmente de uma harpa, também pode ser útil.

Ouvir o *sexto eidolon* também é melhor quando se está cercado de beleza, e isso requer muito menos privacidade do que o ritual em si. Caminhe pelos corredores de um museu ou galeria de arte, observe as facetas brilhantes de uma exposição de pedras preciosas ou passeie por um jardim de esculturas para se emocionar com a presença do *sexto eidolon*. Geralmente, este *eidolon* estabelece um primeiro sinal de contato em momentos de tirar o fôlego, nos quais você é verdadeiramente tocado por algo belo, bem como em súbitos impulsos de criação artística. Ele também costuma oferecer inspiração para procurar itens perdidos ou para participar de gincanas, caças ao tesouro, (*geocaching*) ou outras atividades em que o objetivo é encontrar algo escondido.

O Sétimo Eidolon

O *sétimo eidolon* também é um Espírito do Outromundo, mestre em estratégia militar e conhecedor dos segredos do deserto. Ele tem temperamento equilibrado e é imperioso, além de ajudar nas tarefas de comando, logística e organização. É relacionado ao *sexto eidolon*, mas não de uma forma que possa ser traduzida em qualquer relacionamento terreno.

Selo do Sétimo Eidolon

Em questões de respeito próprio e postura, pode-se contar com o auxílio do *sétimo eidolon*; seu mantra é "toda cadeira é um trono". Ele procura ajudar o magista a perceber sua autoestima inerente como um ser infinito e, por sua vez, a entender o valor igual de todas as outras vidas sencientes. Ele é um comandante que lidera pelo exemplo e sua base real é a força do espírito acima de tudo.

Este *eidolon* pode ser invocado para ajudar o magista a assumir presença de comando ou para fazer com que sua voz seja ouvida em uma multidão. Também pode ajudar em questões de postura, inspiração e fortaleza mental. Um espírito protetor que é vigilante contra as forças que considera aberrantes: covardia, crueldade, exploração e outros tipos de comportamento pusilânime, especialmente por parte daqueles que ocupam posições de autoridade.

Ele aparece como um homem musculoso de seis braços, com uma espada curva em cada mão. Sua cabeça é a de um leão usando uma coroa dourada e, da cintura para baixo, sua forma é a de uma serpente de rubi. Pode ser chamado pelos ventos do deserto ou pela medalha do cargo. Seu sigilo é uma coroa sobre uma cimitarra horizontal.

O *sétimo eidolon* é uma presença imponente e busca ajudar a pessoa a caminhar com propósito e viver com determinação. Muitas vezes, ele é silencioso e fica simplesmente perto do magista, irradiando uma poderosa força de presença, pedindo para que a pessoa se mantenha firme, opere com franqueza e defenda aqueles que são vítimas da crueldade e do egoísmo.

Ouvindo o Sétimo Eidolon

Ao meditar pela primeira vez sobre o selo do *sétimo eidolon*, é bom fazê-lo em pé, com os ombros para trás e a cabeça erguida. Manter uma espada (se puder manejá-la com segurança) ou uma obra de arte que represente uma espada (ou espadas) em seu Círculo também pode contribuir para a experiência, assim como realizar o ritual em um deserto (se isso puder ser feito confortavelmente). Também é uma vantagem usar roupas ou adornos que o façam sentir confiante.

O *sétimo eidolon* tem mais probabilidade de se comunicar em determinados momentos do que em determinados lugares. No entanto, ele gosta tanto de desertos quanto de campos de batalha. O mais provável, porém, é que ele se manifeste quando você estiver experimentando coisas fora da sua zona de conforto; participando de ações que dependam de autodisciplina, como exercícios ou estudos; ou defendendo aqueles que estão sendo prejudicados por pessoas em posições de poder, especialmente crianças e outros que têm dificuldade de se defender. Ele fará com que sua presença seja conhecida por meio da dissipação do medo, do aumento da confiança e do desejo de defesa, com suas muitas espadas impedindo as depredações daqueles que o atacarem.

O Oitavo Eidolon

O *oitavo eidolon* é um Celestial, cujo sigilo é o telescópio ou o sextante. Ele conhece os movimentos dos corpos celestes, concede proteções e faz augúrios de potência e precisão. É o patrono dos astrônomos, astrólogos e navegadores.

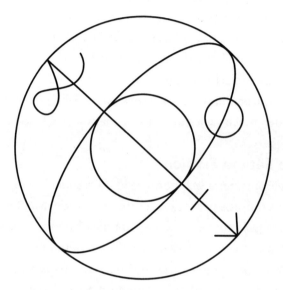

Selo do Oitavo Eidolon

O *oitavo eidolon* é um hábil navegador e desbravador, capaz de ajudá-lo a encontrar seu caminho metafórico quando você se sente perdido ou à deriva. Ele é amigável com novos magistas que demonstram vontade de aprender e aplicar seus conhecimentos para o bem universal coletivo. É extremamente benéfico, ansioso para ajudar no aprimoramento espiritual e muito paciente.

Como a maioria dos seres Celestiais descritos neste livro, o *oitavo eidolon* é capaz de ajudar a pessoa a vislumbrar a geometria geral da existência e os padrões inefáveis de causalidade e concordância que sustentam o que pensamos ser a realidade. Ele pode levar sua alma a percorrer caminhos que dificilmente serão capazes de articular quando você retornar a um ponto focal físico. Trabalhar com seres Celestiais é extremamente enriquecedor. Ao trabalhar com esses seres, prepare-se para verificar suas suposições sobre a natureza da realidade na porta, por assim dizer.

Ele aparece como um conjunto de esferas radiantes em uma órbita helicoidal complexa em torno de uma outra, ou como uma figura humanoide composta de luz prateada com uma tapeçaria do céu noturno sobre os ombros e um sextante dourado na mão direita.

O *oitavo eidolon* pode ser contatado pela espiral galáctica, pela miríade de constelações ou pela estrela-guia.

Ouvindo o Oitavo Eidolon

Ao meditar pela primeira vez sobre o selo do *oitavo eidolon*, é bom ficar do lado de fora, sob o céu estrelado, à noite, em um lugar calmo e seguro. Acho que acampar longe das luzes da cidade pode ser extremamente enriquecedor neste sentido. Se puder ver a Via Láctea, você está em um local ideal. Não é necessário muito mais para aumentar a experiência, embora a presença de um telescópio possa ser um bom bônus.

O *oitavo eidolon* pode estar inclinado a responder ao seu pedido de primeiro contato enquanto observa as estrelas ou estuda o movimento ou o simbolismo dos corpos celestes. Entretanto, todos os seres Celestiais compartilham algumas características particulares quando se trata de responder à sua meditação inicial nos dias e semanas após o pedido ser feito. Todos os Celestiais, de acordo com minha experiência, estarão inclinados a responder quando você estiver agindo de acordo com seu potencial mais elevado de bondade, altruísmo e autoaperfeiçoamento.

Os *eidolons* Celestiais geralmente podem ser classificados como seres de luz; embora nem sempre seja esse o caso, isso é frequente o suficiente para ser uma condição útil. O *oitavo eidolon* não é diferente. Sua presença pode ser descrita como a sensação da luz das estrelas ou do luar lançada sobre sua consciência. Ele o levará a sentir uma compreensão pacífica, uma sensação de que a existência está se movendo e que esse movimento é sublime.

O Nono Eidolon

O *nono eidolon* é um Espírito do Outromundo de um enorme poder específico. Ele é um grande piromante, cujo único prazer é a chama em todas as suas formas físicas e metafóricas. É dele a expressão que acende e apaga a vela e a combustão. Dele também é a chama que unge, purifica e apaixona.

Selo do Nono Eidolon

Este *eidolon* tem poucas maneiras de interagir com o magista, além de seu talento como conversador que se torna filosófico em uma miríade de assuntos, falando com mais frequência sobre a natureza metafórica do fogo. Entretanto, ele é um bom companheiro quando se tenta adivinhar por meio da observação do fogo ou quando se faz velas ou incenso. É também um protetor dos bombeiros, pois seu domínio sobre as chamas inclui a extinção delas.

O uso do fogo é como uma ferramenta para o *nono eidolon*, um condutor de motores, da agricultura, a mãe da culinária e o purificador dos elementos. Ele também entende o fogo metafísico da inspiração, da paixão, da ambição e da curiosidade. E falará de todos esses aspectos sem hesitação, advertindo-o a respeitar o fogo, usá-lo com cautela e a honrar sua força destrutiva. Ele fala de forma apaixonada e animada e tende a adotar um tom casual com o magista. Este *eidolon* costuma agir como um catalisador para as metas pessoais do mago, sempre incentivando-o a buscar novos caminhos de exploração.

Geralmente ele aparece como um homem alto, esculpido inteiramente em obsidiana. Possui olhos ardentes de fogo, chifres de obsidiana como os de um íbex e uma crina de gipsita ou selenita. Veste-se com uma roupa carmesim brilhante, que cobre da cintura até os tornozelos, adornada com um largo colar de ouro e rubi. Seu sigilo é o braseiro e ele pode ser invocado pelo ciclo do fogo ou pelo ramo em chamas.

Ouvindo o Nono Eidolon

Recomendo cautela ao tentar contatar o *nono eidolon*. Ele é uma criatura do fogo, e fogo é o que o chama. Lembre-se de que não é necessário todos os adereços físicos – são apenas possíveis aprimoramentos –, portanto, não tente incorporar o fogo ao seu ritual a menos que tenha a certeza de que pode fazer isso com segurança. Se puder, uma pira ou fogueira de acampamento é ideal para tentar o seu ritual de primeiro contato e meditar sobre o selo desse *eidolon* enquanto estiver por perto. Como alternativa, uma vela acesa com segurança também é um auxílio confiável.

Meditar olhando para uma vela é a principal maneira de incentivar o primeiro contato com o *nono eidolon*. O movimento da chama é o principal meio pelo qual o *nono eidolon* tenta tornar sua presença conhecida. Essa presença é muitas vezes um influxo ardente de paixão para ir em frente, fazer e ser ativo na manifestação de suas metas e aspirações. Muitas vezes, a inquietação física que causa a necessidade de se exercitar ou a fome de alimentos saudáveis podem vir com as primeiras mensagens do *nono eidolon*.

O Décimo Eidolon

O *décimo eidolon*, os dois que são um, é um par Celestial que representa o equilíbrio de forças opostas. Quando eles aparecem em qualquer aproximação humanoide, um gêmeo parece ser feito de escuridão e o outro de luz. Mais frequentemente, eles aparecem como sombras e reflexos, como padrões de luz e escuridão lançados sobre as superfícies ao redor do magista. Esses padrões costumam se mover e representar suas próprias vinhetas, relacionadas ou não à interação atual.

Selo do Décimo Eidolon

Seu domínio é sobre reflexos, *fac-símiles*, ilusões e o contraste entre luz e escuridão. A fotografia está sob sua alçada, assim como a projeção e outras formas de arte em que a interação de luz e sombra é o principal meio. Em um nível interno, o *décimo eidolon* é capaz de ajudar a examinar suas próprias contradições pessoais e pode auxiliar no equilíbrio entre ideias ou impulsos conflitantes.

Como a maioria dos seres Celestiais, o *décimo eidolon* é uma criatura de boa vontade; no entanto, muitas vezes ele é creditado por gerar mais perguntas do que respostas. Ele pode ser um grande companheiro na autoexploração e na compreensão de padrões internos sutis, capazes de comunicar vastos fundamentos conceituais de facetas complexas da existência de maneira única, fazendo isso de uma forma muito parecida com uma projeção, só que em todos os lugares ao mesmo tempo. Ele passa por você e sobre você, projetando imagens, emoções, ideias e sensações. Projeta vidas inteiras sobre sua consciência para transmitir totalmente o menor grão de entendimento verdadeiro.

O *décimo eidolon* pode ser invocado pelos dois que são um, por um olhar por de trás do espelho ou pela tecelagem de luz e sombra. Seu sigilo é o espelho.

Ouvindo o Décimo Eidolon

Ao entrar em contato com o *décimo eidolon* pela primeira vez, pode ser benéfico ficar entre dois espelhos, cada um com o selo desse *eidolon* pintado neles. Pinte um de branco e outro de preto. Também é excelente criar uma área de iluminação com forte contraste, de modo que um lado da sala fique escuro e o outro claro. Talvez seja possível fazer isso com o uso de um projetor, mas pode ser difícil de conseguir um.

O *décimo eidolon* geralmente se comunica por meio da mudança de luz e sombra e gosta de tornar sua presença conhecida ao anoitecer e ao amanhecer e até mesmo em anomalias que se apresentam em fotografias ou slides. Qualquer interação de reflexo ou sombra, truque de foco ou brilho de refração pode provocar a sensação da presença do *décimo eidolon*. Como muitos *eidolons* Celestiais, sua presença é uma sensação de iluminação. É como se um feixe de luz tivesse sido bifurcado e uma metade do seu ser estivesse em uma escuridão fria, enquanto a outra estivesse banhada por uma luz quente e brilhante como a de uma lâmpada incandescente.

Como muitos Celestiais, ele é capaz de se comunicar quando você está agindo de acordo com as aspirações do seu eu superior. Mas o que é único para ele, é o desejo de ajudar quando você está passando por momentos de conflito interno, especialmente crises de identidade ou algo do tipo.

O Décimo Primeiro Eidolon

O *décimo primeiro eidolon* é um Espírito do Outromundo que preside túmulos e espaços de sepultamento. Ele se preocupa em manter a santidade desses espaços e garantir que eles permaneçam inviolados, podendo conceder proteção e passagem para os mortos por esses locais sagrados e segurança para todos que entram nesses lugares com respeito e reverência.

Selo do Décimo Primeiro Eidolon

Este *eidolon* costuma ajudar nos ritos funerários, nas orações pelos falecidos, na preparação de oferendas para os ancestrais e na consagração de um espaço para a consagração dos mortos. Em outra capacidade, ele preside as cavernas naturais e as profundezas da Terra, consideradas como espaços transitórios entre este mundo e várias dimensões do Submundo. Ele pode ser chamado para proteger aqueles que entram nesses espaços, desde que mantenham o respeito pela área. Como tal, ele pode ser visto como guardião dos espeleólogos, arqueólogos e outros, cujas atividades possam se cruzar com os locais de descanso dos mortos ou áreas subterrâneas profundas.

O *décimo primeiro eidolon* é uma presença estoica, metódica e nivelada, e sua aparência varia muito, geralmente assumindo aspectos visuais da cultura mágica associados a psicopompos ou mensageiros do além. De minha parte, este *eidolon* sempre me apareceu como uma figura esquelética em vestes cor de açafrão, empunhando uma foice rudimentar de madeira e presa de mamute.

Como protetor de locais de sepultamento, ele é rápido em denunciar e castigar aqueles que profanam ou poluem as câmaras funerárias dos mortos recentes. Os *eidolons* classificam os locais de sepultamento antigos como monumentos, mas esses locais não têm a mesma inviolabilidade que os túmulos recentes. Isso se deve à forma como o *décimo primeiro eidolon* vê o ciclo da vida. Em sua visão, apenas o túmulo da encarnação mais recente de uma consciência é sagrado. Um túmulo de três vidas atrás deve ser respeitado, mas não é mais sacrossanto. Se uma consciência transcende a encarnação material, seu último túmulo é sagrado apenas pelo período de uma vida humana. O *décimo primeiro eidolon* é uma inteligência com nuances suficientes para entender as buscas da arqueologia e não as considera desrespeitosas, desde que sejam praticadas com reverência em vez da pilhagem antiquária. Em alguns casos, ele incentiva essas buscas para que as pessoas possam conhecer as antigas tradições funerárias e manter sua memória viva.

O sigilo do *décimo primeiro eidolon* é um pequeno osso, facilmente desenhado em um papel. Ele pode ser invocado em grandes cavernas, tumbas santificadas ou em lápides honradas.

Ouvindo o Décimo Primeiro Eidolon

Ao meditar pela primeira vez sobre o selo do *décimo primeiro eidolon*, será benéfico fazê-lo em um local de significado funerário (se isso puder ser feito com respeito). Como alternativa, uma caverna que você tenha a certeza de que é segura também pode funcionar bem. Uma área para se sentar em um cemitério, em algum lugar próximo a um santuário doméstico para um ente querido ou em uma caverna bem monitorada em um parque estadual ou nacional pode melhorar a meditação. Enquanto estiver em casa, queimar incenso funerário ou manter um livro de ritos funerários ou um pedaço de rocha de uma caverna em seu Círculo pode beneficiar o seu contato.

O *décimo primeiro eidolon* geralmente se comunica por meio de visões de profundo significado alegórico, especificamente visões em que eles aparecem e guiam o magista por vários lugares e direcionam sua atenção para vinhetas simbólicas que se desenrolam diante dele. Este *eidolon* é quase sempre silencioso e costuma se comunicar por meio de gestos e transmissão direta de pensamento. Ele pode ser incentivado a tornar sua presença conhecida por meio de atos de respeito aos mortos, como manter um santuário, cuidar de um túmulo, acender velas para os mortos ou comparecer a um memorial. Sua presença na maioria das vezes se manifesta como uma sensação de conforto, como um cobertor sendo colocado sobre os ombros por um avô, e muitas vezes esse sentimento é seguido por uma jornada de sonho enquanto você dorme. Ao contrário de outros *eidolons*, que tendem a conversar com você de forma mais direta, o *décimo primeiro eidolon* quase sempre se comunica de forma enigmática.

O Décimo Segundo Eidolon

O *décimo segundo eidolon*, cujo título é "Rei do Carvalho", é um Espírito do Outromundo que domina as florestas e outras áreas arborizadas. Uma divindade risonha, acompanhada por veados, cujas audiências são iluminadas pela luz do sol que atravessa os galhos altos. Seu sigilo é a folha de carvalho e ele representa tanto a generosidade da floresta quanto a majestade de lugares intocados. Em nosso mundo interior, ele simboliza o crescimento, a plenitude e a vitalidade.

Selo do Décimo Segundo Eidolon

Considerado patrono dos silvicultores, campistas, caminhantes, arboristas e de todos os que entram na natureza com respeito e reverência por suas muitas maravilhas, *o décimo segundo eidolon* pode ajudar a pessoa a manter animais resgatados e a entender seus sinais e humores não verbais. Ele protege ferozmente os lugares selvagens e não está disposto a trabalhar com aqueles que os depredam. Na maioria das vezes, o Rei Carvalho aparece como uma figura humana sorridente, vestida de marrom e verde com chifres de veado.

Além de ajudar em questões de crescimento literal e silvicultura, o *décimo segundo eidolon* pode nos ajudar a cultivar qualidades benéficas em nós mesmos, crescer internamente e cuidar dos vários objetivos e ambições que plantamos em nossa vida.

O *décimo segundo eidolon* é capaz de nos ajudar a reacender nossas conexões com o mundo natural, ajudando-nos a entender o ciclo da Terra do qual fazemos parte e gerando em nós a capacidade de reconhecer a beleza da natureza. Ele pode ser invocado pelo bosque de carvalho ou pela natureza sem limites.

Ouvindo o Décimo Segundo Eidolon

Ao meditar sobre o selo do *décimo segundo eidolon*, você pode estimular o contato, fazendo-o em uma floresta ou mantendo folhas de árvores e chifres de veado que caem naturalmente em seu Círculo. O *décimo segundo eidolon* fará com que sua presença seja conhecida por meio dos movimentos da natureza, como o aparecimento de animais, o som do vento nas árvores e o cheiro das folhas e da terra. Ao observar algo nesse sentido, você pode sentir a presença dele como um sentimento de apreciação pela natureza e uma sensação de conexão com o mundo natural de onde tudo veio.

O *décimo segundo eidolon* pode ser incentivado a responder ao seu chamado participando de atividades ao ar livre que respeitem a terra, como jardinagem sustentável, caminhadas, acampar sem danificar a terra, canoagem, observação de pássaros ou fotografia da vida selvagem. Ele gosta especialmente dos esforços para reabilitar a terra ou a vida selvagem que sofreram intervenção humana. Com frequência ele responderá a uma solicitação de contato imediatamente após testemunhar tais esforços por parte do magista.

O Décimo Terceiro Eidolon

Seu título é "Mãe do Pântano", um Espírito do Outromundo, irmã do *décimo segundo eidolon*. Ela preside os pântanos, brejos e as forças primitivas do nascimento e da decomposição. É a mestra das algas, do musgo e dos cogumelos; nas águas turfosas de seu domínio, a vida biológica é originada e, na época certa, retorna ao ciclo.

Selo do Décimo Terceiro Eidolon

O *décimo terceiro eidolon* se destaca por nos ajudar a entender quando devemos abandonar os padrões que não nos servem mais e em que momento precisamos criar coisas novas, que então entregamos a seu irmão, o *décimo segundo eidolon*, para que cresçam até que retornem a ela para serem colocados em repouso. Ela é misteriosa e severa, gentil com os necessitados e cruel com aqueles que conscientemente causam danos. Sua consciência é antiga e primitiva, capaz de compreender os grandes ciclos ovoides da existência.

Mestra da metamorfose, ela administra o mistério da transformação completa do nosso *self*, semelhante a uma mariposa, e nos ensina que somos nós que tecemos nossa existência e não devemos permitir que nenhuma força externa nos defina ou nos coloque em uma caixa predeterminada.

Ela ainda incentiva a autodefinição e o crescimento, emergindo perenemente das crisálidas de nossos "Eus" passados e abrindo nossas asas como seres mais novos e mais sábios. Isso não é aplicável apenas em um ciclo de encarnação, mas em nossa vida diária, à medida que crescemos e desabrochamos em novas habilidades, novos conhecimentos e novas identidades.

O sigilo do *décimo terceiro eidolon* é a folha de ginkgo e geralmente aparece como uma mulher saindo do pântano com musgo e líquen cobrindo-a como um vestido e acompanhada por jacarés, tartarugas e peixes.

Ouvindo o Décimo Terceiro Eidolon

O contato com o *décimo terceiro eidolon* é melhor quando se está em um pântano (se isso puder ser feito com segurança). Caso contrário, manter plantas nativas de pântanos e vasos de água no seu Círculo enquanto solicita o contato também pode ser benéfico. Ela também gosta da inclusão de cascas de ovos e ossos, especialmente ossos de peixes e répteis, se for possível obtê-los de forma ética, encontrando-os na natureza.

É provável que ela faça contato quando você estiver envolvido em um trabalho de metamorfose pessoal, ou no trabalho de criar coisas novas na vida ou remover coisas que não lhe servem mais. Isso pode ser tão corriqueiro quanto construir uma peça de mobília ou tão profundo quanto passar por uma transformação de identidade central. Sua presença pode ser sentida como um olhar firme, misterioso e inescrutável, capaz de alternar entre severidade e gentileza.

O Décimo Quarto Eidolon

O *décimo quarto eidolon* é um Espírito do Outromundo que preside a manipulação da eletricidade, do magnetismo e de outras forças invisíveis do mundo físico. Ele é um invocador de raios e um estudante de ciências sutis e imateriais. Patrono dos engenheiros, físicos e eletricistas.

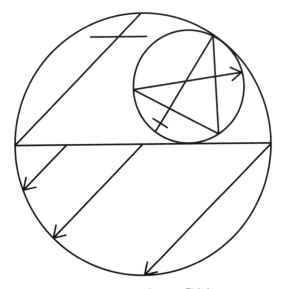

Selo do Décimo Quarto Eidolon

O *décimo quarto eidolon* ajuda a fomentar a intuição em sua capacidade como mestre de sinais invisíveis. Ele é um entusiasta do rádio, uma criatura de experimentação, companheiro para aqueles que buscam estudar ondas harmônicas, tecnologias de sinais e paradigmas transespaciais. O *décimo quarto eidolon* se deleita em ajudar a pessoa a entender como funcionam os mundos físico e energético, especialmente em ajudar a pessoa a ultrapassar os limites de nossa capacidade atual de modelar as leis desses mundos.

Em um nível interno, o *décimo quarto eidolon* é extremamente habilidoso em permitir que o magista avalie suas próprias noções e hipóteses preconcebidas e abandone aquelas que foram refutadas, ultrapassadas, superadas ou que não são evidentes.

Este *eidolon* geralmente aparece como um padrão de onda pulsante de luz que flutua no tempo com sua voz. Seu sigilo é um laço de cobre ou uma linha irregular em um círculo desenhado no papel.

Ouvindo o Décimo Quarto Eidolon

O *décimo quarto eidolon* apresenta um desafio para estimular o contato na meditação inicial, porque não há muitos objetos físicos que ofereçam significado simbólico para ele. Pode ser benéfico, em um grau superficial, manter um conjunto de ímãs, um carretel de fio de cobre ou um texto relacionado à física ou à engenharia elétrica dentro do seu círculo em sua primeira meditação.

Este *eidolon* pode ser incentivado a fazer contato nos dias ou semanas seguintes ao seu pedido inicial, envolvendo-se com os assuntos que ele gosta por meio de livros ou exercícios. Além disso, ele pode ser incentivado pela criação ou conserto de dispositivos eletrônicos, especialmente rádios, ou através da meditação, avaliando suas crenças preconcebidas e assegurando que elas resistam ao teste do seu conhecimento atual e dos materiais comprobatórios disponíveis. Muitas vezes, ele se faz presente através de um sentimento, como uma sensação de formigamento em sua consciência, e frequentemente ele transmite mensagens em valores *booleanos*, como sim/não ou verdadeiro/falso.

O Décimo Quinto Eidolon

O ferro é sagrado para o *décimo quinto eidolon*, cujo sigilo são duas linhas verticais paralelas desenhadas dentro de um quadrado, imitando uma janela gradeada. Ele é um Primitivo que compreende profundamente a arte de amarrar coisas e de escapar dessas amarras. É um abridor de portas invisíveis por meio de truques sutis. Ele pode ajudar a amarrar as maldades onde elas não podem causar danos e a liberar coisas mantidas injustamente presas.

Selo do Décimo Quinto Eidolon

O *décimo quinto eidolon* é hábil em ajudar a desvendar memórias reprimidas e traumas do passado, mas é preciso ter a certeza de que a pessoa está pronta para essas coisas antes de solicitar sua ajuda. Também é excelente em ajudar a fazer com que as coisas se mantenham, sejam elas intenções, hábitos ou práticas.

Igualmente, ele é apto em vincular a má vontade a um lugar na qual ela não possa causar danos, como na vinculação de Vestígios negativos (um conceito elaborado mais tarde) a itens que podem ser purificados com segurança em um local mais conveniente. O *décimo quinto eidolon* é investido de competência especial na criação de caixas de ligação nas quais os Vestígios ficam emaranhados, operando em um princípio semelhante ao das tigelas de encantamento da Mesopotâmia. Esses cubos de energia atraem e ocupam os Vestígios por conta própria e são ferramentas úteis na limpeza avançada de espaços sobrecarregados.

Geralmente ele aparece como uma bola de correntes flutuante e em constante mudança, enrolada em várias barras de ferro. E tem uma forma que lembra vagamente um ouriço-do-mar esférico, podendo ser invocado por uma gaiola de ferro ou por uma chave da sorte.

Ouvindo o Décimo Quinto Eidolon

O *décimo quinto eidolon* pode ser incentivado a responder ao seu pedido de contato quando a meditação sobre o selo dele for feita com uma barra de ferro colocada em cada direção cardeal do seu Círculo. Além disso, ou alternativamente, manter um fechadura aberta quebrada ou intacta em seu Círculo, ou um pequeno pedaço de corrente de metal, também pode ser eficaz como amplificador.

É provável que o *décimo quinto eidolon* faça sua presença ser notada quando você estiver envolvido em trabalhos de amarração ou quando estiver tentando desfazer portais – um conceito que será explorado no capítulo 8 – que não servem mais ou que começaram a ficar restritos. Ele também gosta de observar as práticas de arrombamento e serralheria, mas certifique-se de que está arrombando apenas os cadeados que possui. Sua presença costuma ser interessante. Muitas vezes, é como se você estivesse em uma cela de ferro com a porta aberta ou com uma corrente fria sobre os ombros. Não é uma presença reconfortante, mas também não é hostil. O toque de sua consciência se parece muito com o momento em que você se senta em uma bancada de trabalho com uma tarefa a fazer. As ferramentas são infinitamente úteis, mas devem ser manuseadas adequadamente.

O Décimo Sexto Eidolon

O *décimo sexto eidolon* é um Estadista Ancião Primitivo. Seu sigilo, a manilha, representa a conexão metafórica que é uma ordem social ou uma relação contratual. Seus talentos estão em reunir Vestígios e outras formas espirituais e servir como negociador e intermediário entre as partes. Ele é notável entre os *eidolons* Primitivos por sua perspectiva muito mais flexível; no entanto, é categorizado como tal pela qualidade rígida de sua presença energética. Ele é programado de forma singular, mas esse programa é de natureza diplomática.

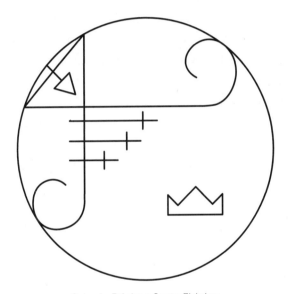

Selo do Décimo Sexto Eidolon

O *décimo sexto eidolon* pode ser útil para aprender a falar diplomaticamente, dominar questões de etiqueta e entender as táticas de negociação. Ele também pode servir como intermediário ao tentar estabelecer comunicação com *eidolons* estranhos a você ou que pareçam difíceis de se comunicar em termos humanos.

Geralmente, ele aparece como um político ou diplomata, e essa aparência pode variar muito dependendo do magista para o qual ele está aparecendo. De minha parte, ele apareceu para mim como um senador romano e um vizir persa. Este *eidolon* está mais preocupado em desempenhar seu próprio papel da forma mais perfeita possível do que com os resultados para as outras partes envolvidas, como tal, talvez ele seja um pouco imprevisível e ao mesmo tempo bastante imparcial.

Ele pode ser invocado pelo feixe de pergaminho, pelo púlpito ou pela tábua de argila.

Ouvindo o Décimo Sexto Eidolon

Se fosse possível, o *décimo sexto eidolon* provavelmente seria mais bem contatado em um prédio municipal ou governamental. No entanto, a probabilidade de ser capaz de realizar um ritual de meditação para solicitar o primeiro contato em tal lugar é pequena. Outra possibilidade pode ser incluir objetos de sistemas legais e governamentais em seu Círculo, usando talvez um martelo, um livro sobre diplomacia ou direito, ou até mesmo um púlpito.

O *décimo sexto eidolon* costuma enviar sinais de sua presença quando você está envolvido em algum tipo de negociação, empreendimento legal ou negócio. Sua presença pode ser sentida na queda de um martelo, no som da caneta no papel, no clique de um teclado ou nos ecos de um discurso acalorado. Sua proximidade dá ao indivíduo uma sensação de seriedade e decoro, como se ele tivesse entrado de repente em uma sala de reuniões, tribunal ou sala de debates.

O Décimo Sétimo Eidolon

O *décimo sétimo eidolon* detém o título de grande pesquisador. É o Celestial que domina a geometria, a matemática e, mais especificamente, a maneira como essas coisas governam a matéria física no espaço. Ele conhece a altura de cada montanha e o volume de cada pedrinha, e representa e possui a onisciência matemática bruta.

Selo do Décimo Sétimo Eidolon

Este *eidolon* compreende as regras proporcionais da existência, a proporção áurea e a universalidade infinitamente expansiva dentro dos tétrades. Ele pode ajudar em questões de geometria sagrada e em empreendimentos de precisão espacial e desenhos, auxilia a promover a consciência espacial pessoal, bem como a compreender a escala cósmica e sua vastidão incalculável.

A comunicação com o *décimo sétimo eidolon* pode ser difícil do ponto de vista linguístico. Eu diria que ele se sentiria mais confortável falando em códigos de máquinas ou algoritmicamente, dadas as suas propensões. No entanto, como um Celestial, ele é mais do que capaz de permitir que conheçam seu significado. E pode também servir, tal qual todos os demais Celestiais, para auxiliar na expansão da consciência geral e na exploração das qualidades essenciais da existência.

Este *eidolon* pode ser invocado pelo espiral exponencial e seu sigilo é o esquadro ou transferidor de mão.

Ouvindo o Décimo Sétimo Eidolon

O *décimo sétimo eidolon* não tem um lugar específico onde possa ser benéfico meditar em seu sigilo para o primeiro contato. Todos os lugares no reino físico contêm dimensionalidade e medida e, como tal, são observados e compreendidos pelo *décimo sétimo eidolon*. No entanto, para ajudar a estabelecer a receptividade em sua própria mente, pode ser benéfico manter instrumentos geométricos em seu Círculo, como um esquadro, transferidor, régua ou representações dos sólidos platônicos.

O *décimo sétimo eidolon* talvez seja o mais fácil de responder ao seu pedido de contato por meio de suas ações. Em geral, os Celestiais são receptivos. Especialmente este, que só precisa que você exista no espaço físico para ser incentivado a contatá-lo. Como acontece com todos os Celestiais, agir em alinhamento com o seu *self* de aspiração superior também servirá para incentivar uma resposta às suas primeiras tentativas de contato. Especificamente para o *décimo sétimo eidolon*, que pode ser estimulado ainda mais por meio de atos que demonstrem domínio do seu movimento no espaço físico, como dança, ioga ou artes marciais. Ele também responde positivamente ao desenho, à modelagem 3D e à programação orientada a objetos.

O Décimo Oitavo Eidolon

O radiante; com muitos olhos e muitas asas; círculo ininterrupto; ser refulgente de ação e pensamento justos. Este é o *décimo oitavo eidolon*, final do Exército Interno da Arca, guardião dos reinos do além. Uma criatura Celestial de imenso poder, que possui uma clareza de propósito inigualável na maioria das outras inteligências.

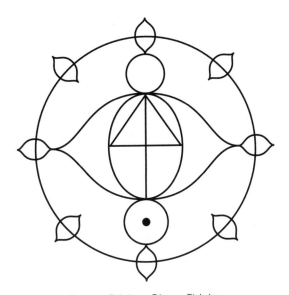

Selo do Décimo Oitavo Eidolon

O *décimo oitavo eidolon* busca erradicar o sofrimento e a semear a justiça compassiva em todos os lugares onde seu olhar possa recair. Ele é uma força imensa para o bem e um poderoso farol de esperança para aqueles que estão perdidos no deserto crepuscular de desespero que é este vale de lágrimas. O *décimo oitavo eidolon* vem para nos ajudar a permanecer em um lugar de retidão, um estado no qual falamos apenas bênçãos e promulgamos apenas justiça.

Este *eidolon* é uma ajuda natural para promover uma mentalidade na qual buscamos libertar os outros da exploração, destruir sistemas de opressão e elevar as vozes dos oprimidos. Ele/ela é uma chama justa de luz dourada, um acréscimo benéfico a qualquer convocação (um conceito a ser discutido no capítulo 8) por sua capacidade de garantir que ele aja somente em direção ao maior bem possível.

Ele aparece com mais frequência como um anel ininterrupto de luz branca ao redor e dentro do qual muitos olhos de fogo dourado piscam para dentro e para fora. Cintilando nas bordas do anel, muitas asas cintilantes com a tonalidade da pedra da lua do arco-íris entram e saem do espectro visível à medida que se desenrolam. Padrões geométricos de complexidade incompreensível são rastreados pelo ar e desaparecem nas proximidades o *décimo oitavo eidolon*.

Seu sigilo é o contorno de um olho sem córnea ou pupila e ele pode ser invocado pela palavra que acaba com toda injustiça.

A radiância do *décimo oitavo eidolon* é como uma piscina na qual todo egoísmo, crueldade, ódio e outros comportamentos que não ressoam com a unidade da compaixão divina se dissolvem. Por isso, é necessário muito trabalho interno para entrar em contato com o *décimo oitavo eidolon*. Se ele/ela detectar que você não está operando a partir de um lugar de compaixão mais elevada, não irá se revelar. Esse comportamento é, em si, um exercício de misericórdia, pois ele sabe que, se fosse se revelar a alguém que ainda abriga qualidades não alinhadas com a harmonia existencial, traria dificuldade para essa pessoa. Ser forçado a mudar para uma frequência vibracional para a qual você ainda não está preparado pode ser uma experiência desorientadora.

Ouvindo o Décimo Oitavo Eidolon

O contato com o *décimo oitavo eidolon* não é auxiliado por nenhum local físico ou reagente simbólico. Em vez disso, você deve tentar residir em um lugar dentro do seu coração onde procura viver com justiça e compaixão e em harmonia unificada com todos os outros seres sencientes. Para residir neste lugar, é preciso evitar o ego pessoal e se esforçar para se entregar à compaixão infinita. Mais uma vez, isso é um incentivo, não uma necessidade. Poucos de nós alcançaram este estado de forma sustentada. É necessário apenas que você esteja tentando.

É provável que o *décimo oitavo eidolon* estenda a mão quando acreditar que o magista está tentando sinceramente agir no interesse da justiça, não a justiça definida por qualquer código ou tribunal mortal falível e fugaz, mas pela lei singular da unidade harmoniosa da consciência. Somente quando o magista mantém um desejo sincero de viver a partir de um lugar de compaixão, com o serviço aos outros acima do serviço a si mesmo, é que pode ocorrer uma comunicação sustentada com o *décimo oitavo eidolon*. Isso não quer dizer que ele só se comunicará com modelos de virtude plenamente realizados, mestres ascensos e Bodhisattvas, mas que só se comunicará com aqueles que têm essa ascensão como aspiração. Desta forma, os aspirantes ao mal ou ao egoísmo serão incapazes de manter uma comunicação duradoura com o *décimo oitavo eidolon* e, portanto, serão incapazes de progredir além do Portal do Octadecágono, que marca o limiar do trabalho mais profundo.

Utilização de Registros de Eidolons

Depois de ler as entradas dos dezoito *eidolons* do Exército Interno da Arca, você estará pronto para começar a trabalhar com eles. Isso é feito, conforme descrito anteriormente neste capítulo, meditando em seus selos e ouvindo os sinais que eles podem enviar nos dias e semanas seguintes à sua tentativa inicial de contato. Aconselho que você se envolva nessa prática com pelo menos três *eidolons* antes de prosseguir neste livro. Depois de receber nomes de pelo menos três deles, você estará pronto para se envolver nas práticas a seguir.

Trabalhar efetivamente com os *eidolons* leva tempo. É necessário entender quando alguém está tentando se comunicar, aprender a diferenciar os sinais matizados enviados pelos *eidolons* que você conhece e estudar as personalidades e preferências de cada um com quem deseja trabalhar. Eventualmente, você chegará ao ponto em que poderá ter conversas completas com os *eidolons* no mesmo nível de detalhes que teria com um amigo fisicamente presente. Peço que trate os *eidolons* com respeito. Eles existem em um comprimento de onda que não podemos compreender totalmente e têm acesso a percepções que dificilmente conseguiríamos interpretar sozinhos. Os *eidolons* devem ser conselheiros, orientadores e até mesmo colegas. Eles foram criados para trabalhar lado a lado, não para servir ou ser servido. Evite a ideia de transação ou hierarquia ao se aproximar dos *eidolons*.

Depois de ter feito contato bem-sucedido e duradouro com pelo menos três dos *eidolons* do Exército Interno, você estará pronto para dar o próximo passo em sua jornada. Até este ponto, você terá trabalhado com *eidolons* previamente conhecidos por meio deste livro. Daqui para frente, você vai aprender a descobrir novos *eidolons* por meio do processo de "iluminação". Para fazer isso, será fornecido um ritual simbólico de limiar. Assim como o Círculo de Ascensão Concêntrica serve como uma declaração de intenção para trabalhar como mago e se comunicar com inteligências *eidolônicas*, o ritual a seguir, a Passagem do Portal do Octadecágono, serve como uma declaração de intenção de se abrir para a detecção de novos *eidolons* ainda não descobertos. Após a conclusão deste ritual, você estará pronto para passar para os capítulos seguintes, nos quais vai descobrir como aprofundar seu foco meditativo, criar um espaço de pensamento sagrado para a manifestação de seu trabalho e iluminar novos *eidolons*.

A Passagem do Portal do Octadecágono

O Portal do Octadecágono é o limiar pelo qual todos os *eidolons* além do seu Exército Interno esperam. É possível ter uma vida de magia gratificante e envolvente sem nunca passar por ele – tanto em outros sistemas quanto neste. Na verdade, é possível simplesmente trabalhar com alguns *eidolons* do Exército Interno pelo resto de sua exploração mágica e fazer um trabalho significativo e gratificante. Entretanto, recomendo que todos os magistas que buscam a prática do *paneidolismo* tentem passar pelo Portal do Octadecágono para que possam começar a iluminar novos *eidolons*.

O Portal do Octadecágono é guardado pelo *décimo oitavo eidolon*. Para passar por ele, você deve mostrar ao *eidolon* suas intenções de usar sua magia para fins de compaixão. Isso pode ser visto em um paradigma externo como a concessão de acesso a um comprimento de onda real de existência no qual você não foi iniciado anteriormente. Alternativamente, em um paradigma interno, isso pode ser visto como o desbloqueio de uma fonte potencial interna, por meio da qual é possível ter certa clareza de propósito. Não importa a maneira como a veja, ela é a porta de entrada para a iluminação de novos *eidolons*.

Quero deixar claro aqui que é possível encontrar novos *eidolons* sem ter passado pelo Portal do Octadecágono. Entretanto, a eficácia e a frequência com que isso acontece aumentam muito se este ritual for realizado. Passar pelo Portal do Octadecágono é como acender uma tocha em sua consciência por meio da qual os *eidolons* benéficos são atraídos, buscando manifestar os conceitos com os quais eles ressoam na densidade do mundo material.

Como acontece com a maioria dos rituais com os quais os familiarizei, há poucos reagentes físicos envolvidos na Passagem do Portal do Octadecágono. No entanto, há um pouco de trabalho prévio envolvido. Para embarcar pelo Portal do Octadecágono, você deve se aproximar por uma de duas vias. O primeiro ângulo de abordagem é entrar em contato com três *eidolons*, ter uma relação de trabalho e fazer com que cada um deles concorde em apoiá-lo neste ritual. O segundo caminho é trabalhar diretamente com o *décimo oitavo eidolon* por um mês ou mais e aguardar a aprovação dele sobre sua passagem. Abordarei as duas opções onde elas forem relevantes nos detalhes do ritual a seguir.

Para começar, você vai precisar do seu Cetro Mágico. Usar o Cetro de Artifício para abrigá-lo fica inteiramente a seu critério. Você vai precisar também do selo do *décimo oitavo eidolon* em papel ou desenhado no chão à sua frente. Em vez de ser desenhado sozinho, ele deve ser desenhado dentro de um quadrado para representar as linhas de limite de uma porta. Além disso, três círculos menores devem ser desenhados na parte superior, esquerda e direita do quadrado. Deixe a parte inferior do quadrado voltada para o local onde você está, sem um círculo menor. Se estiver invocando três *eidolons* para garantir a sua passagem, desenhe cada um dos sigilos deles nos três círculos menores. Se estiver confiando apenas no *décimo oitavo eidolon* para validar sua passagem, desenhe o contorno de um único olho com uma chave dentro dele em cada um desses círculos. Vamos chamar este desenho de "chave-olho".

Comece usando seu ritual de configuração de espaço preferido. Em seguida, fique de pé ou se concentre na base do quadrado. Fique de frente para o selo do *décimo oitavo eidolon* que está dentro do quadrado e para os sigilos à esquerda, à direita e acima dele (se estiver trabalhando com três *eidolons*) ou para as chaves-olho dentro dos círculos se escolheu trabalhar apenas com o *décimo oitiva eidolon*. Segure o cetro acima da cabeça com a mão dominante, começando com a cabeça inclinada e a mão não dominante aberta ao seu lado, com a palma voltada para a frente.

Há dois caminhos a seguir no fluxograma deste ritual: um em que você está chamando três *eidolons* para atestar a sua passagem e outro em que está confiando em um relacionamento existente com o *décimo oitavo eidolon* para atravessar o limiar. Se estiver seguindo o primeiro caminho, comece chamando os três *eidolons* que concordaram em atestar sua passagem. Os *eidolons* com os quais falou dependerão de você, mas segue a ideia geral do chamado deles. Lembre-se de que você pode mudar essa linguagem da maneira que achar melhor, desde que ela consista em chamar os *eidolons* e declarar o propósito de fazê-lo neste ritual.

Um exemplo para esse propósito é o seguinte:

(Nome e títulos ou epítetos do eidolon que você selecionou), eu o chamo pela (frase de invocação do eidolon que você selecionou) para testemunhar minha passagem pelo Portal do Octadecágono. Conceda sua orientação e recomendação a mim para que eu possa caminhar sob os olhos do décimo oitavo eidolon e ser encontrado em harmonia com o multiverso onisciente.

Diga isso, ou algo parecido, ao se concentrar em cada um dos sigilos externos de cada *eidolon* assim representado.

Se tiver escolhido passar pelo *décimo oitavo eidolon*, você evitará a necessidade de invocar três outros *eidolons*, em vez disso, invocará o *décimo oitavo eidolon* três vezes, afirmando a cada vez o seu desejo de trabalhar em harmonia com a dança rítmica da existência. Começando com o símbolo da chave-olho mais à esquerda, diga as três afirmações a seguir, ou algo parecido, passando para a próxima chave-olho a cada invocação.

Na primeira chave-olho:

(Nome e títulos ou epítetos do décimo oitavo eidolon), que está no ponto de apoio da escala, que vê tudo em harmonia e discórdia, pela palavra que põe fim a toda injustiça, chamo seu olhar para mim.

Testemunhe minha aproximação do Portal do Octadecágono no espírito de serviço a tudo que vibra com a harmonia da existência.

Na próxima chave-olho:

(Nome e títulos ou epítetos do décimo oitavo eidolon), que está no centro da roda, que vê tudo em harmonia e discórdia, pela palavra que põe fim a toda injustiça, chamo seu olhar para mim. Testemunhe a esperança da minha vontade diante do limiar do Portal do Octadecágono no desejo de semear a bondade em infinitas realidades.

Na última chave-olho:

(Nome e títulos ou epítetos do décimo oitavo eidolon), que refrata através da existência como a luz através de um prisma, que vê tudo em harmonia e discórdia, pela palavra que põe fim a toda injustiça, eu chamo seu olhar para mim. Testemunhe a mão de minha vontade sobre a pedra angular do Portal do Octadecágono no desejo de ir além.

Neste momento, quer tenha chegado por meio de três recomendações, quer por três invocações do *décimo oitavo eidolon*, você procederá da mesma maneira.

Levante a cabeça da posição curvada, concentre sua atenção no centro do selo do *décimo oitavo eidolon* diante de você e coloque o cetro no centro do peito. Em seguida, coloque a mão oposta sobre ele. Agora diga as seguintes palavras, ou algo com suas próprias palavras que expresse um sentimento semelhante:

Estou pronto para receber as mensagens dos eidolons além daqueles do Exército Interno, para que possamos trabalhar juntos para o benefício mútuo e universal e proliferar a harmonia na canção da existência. Estou pronto para emanar com justiça e compaixão, em unidade com a totalidade da senciência e livre de avareza, crueldade ou ódio. Estou na porta, no limiar entre tudo o que fui e tudo o que ainda posso ser, sob os inúmeros olhos do décimo oitavo eidolon, eu busco passagem.

Após essa declaração, abra as mãos e use o cetro para bater três vezes em cada um dos sigilos ou chaves-olho, em seguida, nove vezes ao centro do selo do *décimo oitavo eidolon*. Essa é uma batida simbólica no Portal do Octadecágono. A partir daí, o corpo do ritual está completo. Você pode receber um sinal direto e imediato de que lhe foi concedida a passagem, uma súbita ampliação da consciência sensorial, uma visão ou um sentimento forte. Ou pode não receber nada, e isso também é bom. Você pode se conscientizar gradualmente da resposta do *décimo oitavo eidolon*.

Depois da batida simbólica no portal, você pode começar a encerrar o ritual. O primeiro passo, caso tenha invocado três *eidolons*, é agradecer aos que foram envolvidos, tanto pelo seu tempo como pela atenção que deram ao seu trabalho, como é de praxe. Você pode fazer isso com as palavras que desejar ou usando a seguinte frase:

Eidolons que garantiram minha passagem, agradeço sua parceria nesta empreitada. Eu lhes desejo boa vontade e dissolvo agora os sigilos externos que os chamaram para este trabalho. Vão em paz.

Se você não invocou três *eidolons* e, em vez disso, suplicou ao *décimo oitavo eidolon* três vezes, pode simplesmente agradecer ao *décimo oitavo eidolon* como achar melhor ou usando a seguinte frase:

(Nome e títulos ou epítetos do décimo oitavo eidolon), que guarda o Portal do Octadecágono do Exército Externo, eu me separo de você sob o olhar de seus olhos iluminados. Agradeço-lhe por esta chance de passagem. Se eu passar pelo portal adiante, o farei com gratidão. Se eu ainda não puder concluir a viagem, retornarei de boa vontade na próxima tentativa.

Agora você pode se sentar por algum tempo na consciência ritual antes de fechar o Círculo e pronunciar a frase final ou "Assim é", se não tiver outra de sua preferência.

MANUTENÇÃO E EXPANSÃO DE SUA PRÁTICA

Agora que bebeu profundamente deste livro, contatou pelo menos três *eidolons* e tentou a Passagem do Portal do Octadecágono, você estabeleceu uma prática funcional. Não se torne complacente agora que chegou a este ponto. Cada dia é uma oportunidade para ampliar suas conexões com os *eidolons* que conheceu e forjar novas conexões com aqueles que ainda não descobriu. Além disso, agora já pode começar a desenvolver maneiras de aplicar seus relacionamentos com esses *eidolons* em inúmeras facetas de sua vida.

Neste capítulo você vai se basear nos fundamentos adquiridos no capítulo anterior, caso tenha conseguido manifestar sua prática aprendida nele por meio de ações. Aqui discutiremos técnicas e conceitos destinados a manter tanto sua prática já existente quanto ajudá-lo a desenvolver e a aumentar sua visão pessoal exclusiva. No capítulo seguinte, abordaremos as ferramentas para o desenvolvimento de suas próprias técnicas e rituais destinados a promover uma vida inteira de descobertas esotéricas. Por fim, concluiremos esta segunda metade de nosso tempo juntos discutindo técnicas avançadas destinadas a oferecer opções transformadoras para sua prática, caso deseje explorá-las.

Aprofundando sua Base Meditativa

Um dos pilares de nossa prática é o esforço para manter um estado meditativo. À medida que você progride, o ideal é meditar diariamente. As várias obrigações da vida podem tornar isso difícil, não se sinta desencorajado se sua meditação for, por necessidade, mais esporádica. Entretanto, a meditação diária, ou até mais frequente, deve ser a meta a ser almejada. A meditação limpa a mente de toda a desordem mundana que a assalta diariamente na agitação da sociedade humana. Isso não precisa ser uma tarefa assustadora, pois a meditação pode se manifestar de várias maneiras. Embora a prática formal, aquela sentada com exercícios de visualização e respiração profunda, seja essencial (e você deve aproveitá-la sempre que possível), o cerne da meditação é se tornar consciente. É possível alcançar a consciência no metrô, em um restaurante, no trabalho ou em qualquer lugar, na verdade. Por meio da meditação, podemos perceber que o próprio tempo é ilusório e que um momento de verdadeira consciência é tão profundo quanto uma hora ou uma vida inteira. Eventualmente, podemos aprender a manter nossa consciência durante toda a vida.

A meditação não é uma coisa que você faz, mas, sim, um estado que se mantém. É algo que pode ser mantido enquanto corta a madeira da mesma maneira que quando está sentado em uma almofada. Quando estamos conscientes, entendemos que não somos nosso corpo ou nossos pensamentos. Compreendemos que todas as coisas são impermanentes, exceto a consciência, e que a consciência é o ato de perceber, de ser e de experimentar. Com muita frequência, associamos a consciência à análise, à dedução, à preocupação e à identificação. A consciência, aquilo que permeia, requer apenas a permanência em cada momento, observando tudo o que percebemos e permitindo que essas percepções passem. Os pensamentos são como folhas ao vento que devemos observar enquanto passam, em vez de persegui-los para nossa ruína. A presença é a nossa meta.

Uma das chaves da percepção e de manter-se presente para sentir o fluxo, é a energia. Esta energia, vinculada ao pensamento da existência, pode às vezes ser sentida como um grande zumbido. É como um tom mais alto e claro que vem de todas as coisas ao mesmo tempo. Toda a existência pulsa com esplendor apenas por nos permitirmos ser pertencentes e testemunhas disso. Na meditação profunda, também podemos sentir e expandir a energia que flui por meio do nosso próprio corpo físico – os pontos de ancoragem de nossa consciência neste mundo. Visualizamos esse fluxo no Exercício do Pilar do Meio, nas Meditações Rigpa e na Meditação do Fio Branco. Visualizar dessa maneira nos permite internalizar esse fluxo e entender quando ele muda devido a qualquer forma de perturbação do *self*, o que, por sua vez, deve nos chamar de volta à meditação para reforçar esse fluxo. Ao entendermos como é estar centrado e consciente, também podemos entender como é perder esse estado, assim, podemos nos concentrar em restabelecê-lo. Isso também vai nos permitir crescer em nossa capacidade de concentração e aumentar nossa disposição de realizar nossa Grande Obra da Magia; o que nos impede de ficarmos presos em um estado não receptivo.

Construindo um Templo da Mente

Agora que você se concentrou em cultivar ainda mais a sua prática meditativa, combine essa faculdade com as habilidades de visualização promovidas ao longo deste livro. Você consagrou o espaço, estabeleceu limites e respeitou os pontos além. Essas habilidades também são úteis fora do Círculo ritual. Especificamente, elas o ajudarão na construção do seu Templo da Mente.

Um Templo da Mente é uma construção de pensamento visualizada. É um espaço conceitual para você meditar que serve como um teatro para visões, um saguão para a recepção de convidados não físicos e uma sala de estar na qual você pode relaxar e permanecer em paz. Talvez ele contenha todos esses cômodos, ou talvez seja um pequeno santuário em uma montanha alta que sirva a todos esses propósitos. A fórmula é sua para descobrir e criar.

Procure arquitetar seu Templo da Mente na meditação. Ao sentar-se ou ficar de pé em meditação, com os olhos fechados e o corpo relaxado, defina sua intenção de estabelecer um reino próprio e alcance-o com seus sentidos. No início, você vai visualizar apenas escuridão antes de começar a despertar cada um dos sentidos para o reino ao seu redor.

Comece com a sensação do tato. Em que superfície você está, de pé ou sentado? Ela é áspera ou lisa? Dura ou flexível? Você sente o mármore frio ou o musgo aquecido pelo sol? Além disso, o vento está batendo em seu rosto ou a chuva está caindo sobre você? As folhas dançam ao seu redor, roçando em seu corpo? O que lhe vem à mente quando começa a visualizar as sensações táteis do seu próprio Templo Interior?

Seguindo em frente, que aromas estão ao seu redor? Você detecta um incenso aromático no ar ou o perfume de flores? Talvez o cheiro empoeirado de livros antigos esteja presente no espaço ao seu redor. Respire profundamente e visualize o que entra em sua consciência enquanto constrói o templo ao seu redor.

Continuando, que sons o cercam? O farfalhar dos galhos? O badalar dos sinos? O chamado dos pássaros? As cortinas farfalham com a brisa ou as chuvas batem no telhado? Quais são os ruídos ambientais, se é que existem, que seu reino abriga?

Por fim, comece a visualizar com os olhos da mente. Embora seus olhos físicos permaneçam fechados, abra o olho da visualização para ver o reino ao seu redor. O que produziu as sensações, os aromas e os sons que o cercam? Desperte sua mente (enquanto seu corpo físico permanece imóvel) de sua postura de repouso e comece a percorrer seu espaço. Essa primeira área em que se encontra é o seu santuário. É a área na qual pode repousar e contemplar sem interrupções. É uma estrutura, uma formação natural ou talvez até mesmo um veículo? Passe as mãos sobre suas superfícies e observe seus adornos.

Continuando, examine seu reino – seu Templo da Mente – área por área. A amplitude e os detalhes são totalmente seus. Talvez seu reino seja um castelo com muitos cômodos adornados com esculturas arcanas e com cheiro de velino e tinta velhos. Talvez seja um jardim em um penhasco alto com vista para o oceano, contendo apenas uma única cadeira coberta de mato. Seu templo pode ser qualquer coisa, e você pode reformá-lo, readorná-lo, editá-lo e reconstruí-lo quando quiser. O importante é que entenda que ele é um Espaço Sagrado para você. É um lugar para organizar suas intenções e colocar em prática as questões simples e diárias de magia que encontrar. Seu Templo da Mente é o local no qual você vai forjar suas insígnias, que é uma tarefa importante no trabalho diário de um magista paneidolista, sobre a qual você aprenderá no próximo capítulo.

Você pode fazer anotações sobre seu Templo da Mente ou até mesmo esboçar suas várias características em seu grimório. Manter uma crônica em seu grimório deve ser um passo para todas as observações meditativas ou ritualísticas. Seu Templo da Mente deve ser como um lugar real para você – mais real do que muitos no mundo físico no tempo.

Seu Templo da Mente, assim como seu Cetro Mágico, é uma construção do seu pensamento. Ele pode ser remodelado à sua vontade por meio das mesmas meditações usadas para criá-lo. E deve evoluir e crescer à medida que sua prática cresce e evolui, necessitando, portanto, de um novo espaço de pensamento para novas ideias e técnicas.

Use o Templo da Mente principalmente para meditar sobre as noções de novos *eidolons* até que seus selos lhe sejam revelados, e também como um local para visualizar a comunicação com os *eidolons*. Além disso, use-o para várias técnicas do próximo capítulo. Portanto, antes de prosseguirmos, quero que aprenda um pouco sobre como trabalhar com centros de energia além do Pilar do Meio que serão usados nos próximos exercícios.

Trabalhando Além do Pilar do Meio

Depois de construir seu Templo da Mente, você logo vai descobrir as práticas a serem realizadas dentro dele. Muitas dessas práticas exigirão a focalização da energia em espaços ou objetos. No início deste livro, você aprendeu a centralizar o fluxo de energia em seu corpo, concentrando-se nos centros de energia no meio de sua forma. A maioria dos sistemas de energia identifica centros de energia secundários e terciários além dessa coluna central. Em exercícios anteriores, você usou os centros de energia das mãos para carregar primeiro o *prana mudra* e depois o seu Cetro Mágico. Esses centros de energia são alguns dos muitos que você pode explorar por meio de suas meditações e são de particular importância para o trabalho que está por vir, especificamente na criação de insígnias. Os centros de energia das palmas das mãos são locais projetivos e receptivos altamente sintonizados. Pense neles como transmissores e receptores. Eles podem ser usados para alcançar e sentir o fluxo de energia, discernir sua natureza e projetar suas próprias intenções para o exterior. Lembre-se de que o corpo energético existe em um comprimento de onda diferente do corpo físico, portanto, esses centros de energia estão presentes mesmo quando as mãos físicas não estão. Para reiterar um conceito central dessa prática, a única ferramenta necessária é a sua vontade.

Aqui, apresentarei uma meditação elaborada para melhorar a concentração nos centros de energia da palma da mão e também exercícios diários para aprimorar seu discernimento com eles. Não negligencie esses exercícios; eles formam a base da próxima etapa de sua prática.

Meditação da Prosperidade com as Mãos

Para se preparar para esta meditação, você deve criar um espaço de pouca luz para si mesmo. Isso pode ser feito acendendo uma única vela colocada em uma superfície segura e desligando ou diminuindo a intensidade das luzes do ambiente (se esse recurso estiver disponível) ou acendendo uma pequena lâmpada LED alimentada por bateria em um ambiente escuro. Se estiver dependendo de luz natural, procure fazer essa meditação perto do nascer ou do pôr do sol. Pode tocar uma música relaxante ou acender um incenso para ajudar na meditação, se essas opções lhe agradarem.

Comece essa meditação com seus exercícios de respiração rítmica, inspirando profundamente, prendendo a respiração por alguns segundos e expirando lentamente. Ao fazer isso, dobre os braços na altura do cotovelo e mantenha as mãos com as palmas para cima. Se estiver sentado, talvez queira apoiar as costas das mãos nos joelhos.

Comece a fazer as visualizações do Exercício do Pilar do Meio ou das Meditações Rigpa ou do Fio Branco; escolha a que mais lhe agradar no momento. Durante a meditação que escolheu para esta etapa, você só precisa perceber a energia fluindo, em vez de se envolver no ritual completo. Ao permanecer nesse fluxo por alguns minutos, comece a sentir a energia se acumular em seu tronco, inundando os ombros, o peito e o Plexo Solar. À medida que ela se acumula, visualize-a pulsando e fluindo do tronco, passando pelos ombros e descendo pelos braços até as palmas das mãos. Ressoe nesse fluxo por algum tempo, sentindo a energia da existência fluir pelo peito e pelos braços, começando a se acumular nas palmas das suas mãos.

Com o passar dos minutos, comece a sentir a energia acumulada em suas mãos se transformar em uma esfera de luz branca em cada palma. À medida que essas esferas crescem e preenchem o centro de suas mãos, sinta-as começar a girar como um giroscópio e emanar seu próprio brilho único. Sinta-as se tornarem mais claras e ressonantes.

Enquanto continua a sentir essa energia se unindo fortemente em seu senso calmo e focado, sem urgência ou apego, abra os olhos e olhe para as palmas das suas mãos. Na penumbra, talvez você consiga vislumbrar a energia nas palmas das mãos com os sentidos sutis que se sobrepõem à visão. Sinta a intensidade agradável da energia que flui para as palmas das mãos, carregando esses centros de energia.

Depois de alguns minutos, quando se sentir confortável, comece a levantar as mãos à sua frente. Mova as mãos pelo espaço imediatamente à sua frente e permita que a energia flua através delas, que está sendo atraída pelo pilar central de energia que é a fonte do poder mágico enviado pelos braços e pelos centros de energia das palmas das mãos. Isso deve induzir uma sensação de expansão ou florescimento nas palmas das mãos. Anote os sentimentos, as visualizações ou as sensações que esse exercício produz para registrar posteriormente em seu grimório.

Quando sentir que terminou de explorar esse fluxo de energia através das mãos, abaixe-as até a altura da cintura com os braços dobrados nos cotovelos, apoiando-os nos joelhos se estiver sentado. Feche lentamente as mãos em punhos levemente cerrados e sinta a energia nas mãos e nos braços voltar a um nível de repouso, diminuindo da intensidade concentrada para o fluxo natural da consciência cotidiana. Ao fazer isso, comece a se despertar do estado de concentração e saia da meditação.

Expansão da sua Arca através da Iluminação de Eidolons

Depois de concluir os três exercícios anteriores deste capítulo, de ter contatado com sucesso pelo menos três *eidolons* e de ter realizado a Passagem do Portal do Octadecágono, agora você está pronto para começar a descobrir novos *eidolons*, o que chamamos aqui de "iluminá-los".

Para iluminar os *eidolons*, a habilidade número um a ser desenvolvida é a consciência do momento presente, ou um estado de escuta profunda do mundo ao seu redor e dentro de você em qualquer momento. Você vem desenvolvendo regularmente essa habilidade desde o início através do Exercício do Pilar do Meio, da Meditação Rigpa e da Meditação do Fio Branco.

Ao longo do seu dia e em suas meditações, mantenha-se atento à possível presença de um *eidolon*. Esse é um sentimento com o qual vai se familiarizar bastante ao trabalhar com os *eidolons* cuja atenção você já tem. Quando sentir a presença de um *eidolon* – um puxão periférico em sua mente – entre no Templo da Mente, concentre-se nessa presença e visualize um círculo único e ininterrupto, que é a raiz de todos os sigilos de *eidolon*, bem como o espaço no qual a prática do magista se desenvolve. Eu considero esse círculo como o símbolo da prática descrita neste livro. Preste muita atenção às noções que surgem quando você visualiza esse círculo perfeito; examine os sentimentos, as palavras e as imagens. Eventualmente, você deve começar a ver esse círculo, o limite externo de um selo, começar a se preencher. Depois de vislumbrar o selo, você pode abrir os olhos e sair do Templo da Mente. Anote o selo resultante em seu grimório e, quando estiver pronto, reflita sobre ele em seu Círculo ritual. Pode ser necessário fazer várias meditações para visualizar com sucesso o selo que está começando a vislumbrar. Para alguns *eidolons*, o êxito pode ser afetado pela hora do dia ou pelo ambiente.

Ocasionalmente, durante esse processo de visualização inicial, você poderá ouvir um nome claramente. Se isso acontecer, esse *eidolon* está ansioso para se comunicar com você, mas sugiro que espere até que ele esteja no seu círculo para fazer o primeiro contato. É importante estar em um espaço controlado no qual se sinta seguro ao fazer o primeiro contato com qualquer novo *eidolon*. Ainda não encontrei um *eidolon* nocivo, mas alguns possuem um poder tão grande que é melhor encontrá-los onde estiver completa e ativamente ancorado e centrado.

Depois de começar a se comunicar com um *eidolon*, procure descobrir qualidades sobre ele que o levarão a lhe atribuir um sigilo ou um pequeno glifo que pode ser desenhado em um pedaço de papel ou gravado em um objeto de tamanho semelhante. Você anotará esse sigilo na entrada do *eidolon* em seu grimório, desenhando seu próprio glifo ou o escrevendo. Durante as meditações, à medida que sua comunicação for se tornando mais clara e coerente, você entenderá o suficiente das qualidades do *eidolon* para discernir um chamado. Conforme mencionado, todas as invocações seguem uma fórmula semelhante, que é a seguinte:

(Nome e/ou epíteto(s) do eidolon), estou em um círculo criado por mim mesmo e o chamo por (frase, conceito ou conceito temático de importância para o eidolon). Você (tratará/colaborará/comunicará/acompanhará) comigo?

Esta prática deve culminar com a sua capacidade de viver o cotidiano e de chamar os *eidolons* para obter conselhos ou assistência a qualquer momento em qualquer situação. O que começou como uma prática ritual metódica pode ser empregado, uma vez estabelecida a relação de trabalho com o *eidolon* que está contatando, como uma breve invocação por meio da visualização de um círculo de seu próprio desenho e do uso do sigilo e da invocação de um *eidolon*.

Compartilhamento de Iluminações

Depois de iluminar um novo *eidolon*, há circunstâncias em que você pode querer apresentá-lo a outros magistas para benefício deles. Embora compartilhar as informações de um *eidolon* contra a vontade dele seja considerado uma grave violação de confiança e possa resultar na perda de contato com o *eidolon* ofendido, isso pode ser feito com consentimento. Na maioria das vezes, um *eidolon* indica quando está aberto a trabalhar com outros magistas e solicita que divulgue o selo dele. Um selo é um convite, como tal, não precisa ser respondido. Enquanto o magista remói sobre esse selo, o *eidolon* pode observá-lo e determinar se deseja fazer contato. A totalidade deste livro é baseada neste fundamento; todos os *eidolons* incluídos aqui consentiram que seus selos e descrições gerais fossem compartilhados com o mundo em geral, em uma tentativa de ajudar os possíveis adeptos em seu desenvolvimento.

Muito mais raramente, um *eidolon* pode observar suas interações com alguém e solicitar que você dê a essa pessoa o selo e o sigilo dele. Como alternativa, alguns *eidolons* ficam felizes em conversar com qualquer pessoa pelo menos uma vez e não se importam que seus nomes também sejam compartilhados. Esses *eidolons* tornarão essa preferência conhecida. No entanto, um nome é um número de telefone e não um comando. Não é porque alguém tem o nome de um *eidolon*, que ele vai se comunicar com a pessoa, especialmente se achar que o indivíduo não é adequado para trabalhar com ele.

Espero que aqueles que se engajarem no sistema paneidolista detalhado neste livro encontrem uns aos outros e trabalhem juntos para seu próprio aprimoramento. Desta forma, o compartilhamento de *eidolons* iluminados deve se tornar – se não exatamente comum – pelo menos não raro. Com isso em mente, recomendo incorporar uma folha de cartolina resistente ou cartões de índice sem pauta em suas ferramentas de trabalho. Usando as mesmas canetas que usa em seu grimório, copie selos nesses cartões para compartilhar com seus colegas praticantes. Não é inapropriado anotar algumas características nesses cartões, da mesma forma que as entradas de *eidolon* neste livro. Essas descrições podem variar em extensão e detalhes com base em fatores como sua própria profundidade de prática com o *eidolon* especificado ou a disposição dele em compartilhar com outros magistas.

Aqui também é vital observar que a forma como um *eidolon* aparece para você pode ser totalmente diferente de como ele aparece para outra pessoa. Não existe uma interpretação correta ou incorreta de um *eidolon*. Eles são infinitamente automórficos e, em alguns paradigmas, representam partes do seu subconsciente, portanto, eles diferem como os magistas diferem. Envolver-se na codificação e no policiamento dos detalhes dos *eidolons* é contraproducente e pode criar uma barreira em seu grupo de trabalho. Cada nova interpretação de um *eidolon* é uma chance de aprendermos uns com os outros. Há apenas um princípio inviolável neste sistema, que é operar sem danos e com compaixão.

Como Encontrar um Guia

Depois de iluminar vários *eidolons*, provavelmente você vai estar confortável o suficiente com sua presença e com a experiência de ter se comunicado com eles, a ponto de querer explorar maiores possibilidades de mantê-los mais tempo por perto do que as breves interações baseadas nas invocações. O conceito de "guias", ou "espíritos familiares" é antigo e está impregnado de história mágica. Embora a cultura popular geralmente descreva esse relacionamento como sendo entre um praticante e um animal de algum tipo, a ideia historicamente também inclui seres não físicos. Para nossos propósitos, um guia é um *eidolon* com o qual você trabalha de perto e que vai servir como conselheiro e auxiliar em sua prática. Qualquer um dos *eidolons* do Exército Interno, cujos selos foram especificamente revelados neste livro, seria um ótimo guia, pois são conhecidos por sua paciência, sabedoria e disposição para trabalhar com novos praticantes.

Trabalhar com um guia não é para todos. Embora todos os *eidolons* possam ser considerados guias de certa forma, a ideia de um guia dedicado vai um pouco além da interação baseada em interesses com a maioria dos *eidolons*. Ainda que você possa chamar um *eidolon* para ajudá-lo a se curar de um ferimento ou a concluir uma tarefa difícil, eles geralmente não ficam por perto por períodos de tempo indeterminados. Os guias, entretanto, têm carta branca para entrar em seu espaço e em sua vida; isso faz parte do acordo que os conecta a você. Um guia precisa vir quando sente que é necessário, portanto, pode vir a qualquer momento. Além disso, muitas vezes um guia estará presente para ajudar em seu trabalho com outros *eidolons*.

Para encontrar um guia, é importante que você estabeleça essa intenção. Como parte de suas meditações diárias, projete no Universo o seu desejo de trabalhar com um guia. Uma visualização útil é imaginar esse desejo como uma energia que flui pelo seu cetro para formar uma esfera de luz em sua ponta. Quando essa esfera estiver grande e luminosa, envie-a para longe com um aceno de seu cetro. Observe-a flutuar para cima como uma lanterna de papel e desaparecer no horizonte.

Após algumas semanas desse exercício, desde que esteja ouvindo os *eidolons* como sempre deve estar, você poderá ser contatado por um novo *eidolon* que atendeu ao seu chamado por um guia.

Outro caminho para conseguir um guia é simplesmente pedir isso a um *eidolon* com o qual sente que tem um bom relacionamento na próxima vez que o chamar. É respeitoso passar por um Círculo ritual formal ao fazer isso, incorporando o seu Cetro de Artifício, em vez de simplesmente chamá-los para um Círculo de sua própria concepção, como faria normalmente. Demonstrar esse esforço extra, embora possa não fazer parte de sua prática regular com *eidolons* familiares, é uma atitude cortês.

Algumas pessoas acham útil recrutar muitos guias, enquanto outras preferem fazer parceria com apenas um. Seja qual for o seu desejo, apenas certifique-se de que, ao discutir a possibilidade de um *eidolon* ser seu guia, ambos sejam extremamente claros sobre como definir esse relacionamento e o que esperar de cada parte envolvida.

Incorporação de Eidolons em sua Vida

Quer você veja isso como um acesso ao seu potencial interior, quer veja como um contato com outro reino, trabalhar com *eidolons* pode, em geral, enriquecer sua estadia na Terra de inúmeras maneiras. Você pode pensar neles como mãos que ajudam, conselheiros especializados ou aliados que estão ao seu lado. Incorpore-os em suas práticas da forma mais holística possível, não apenas na magia, mas em toda a sua vida. Eles não apenas podem sentar com você em meditação, como também podem inspirá-lo enquanto cozinha, corre, escreve, pinta ou simplesmente atravessa as muitas tarefas obrigatórias desta vida mundana com um pouco de otimismo. Eles são, acima de tudo, bons conselheiros.

Na visão mais externa, os *eidolons* podem ser vistos como inteligências extradimensionais que possuem percepções além do alcance dos mortais. Na visão mais interna, eles podem ser vistos como percepções arquetípicas personificadas da mente subconsciente profunda, desenvolvidas por meio da prática meditativa regular. Em cada um desses pontos de vista, é inegavelmente útil promover uma parceria com essas formas-pensamento pela percepção que elas proporcionam.

Aprender a trabalhar com *eidolons*, como muitas coisas que valem a pena, requer prática. Quando começar, você pode achar que percebe apenas fragmentos de mensagens, como cartões postais desbotados de lugares distantes. Quanto mais você aprimorar suas habilidades, mais perceberá sua presença. Por fim, poderá se encontrar em um lugar onde a conversa flui livremente e em tempo real. Você também pode descobrir que, fora da consciência ritual, suas mensagens são sempre enigmáticas ou simbólicas. Isso não tem problema, pois os sentidos de cada pessoa são diferentes.

É possível – até mesmo provável e talvez quase inevitável – que o trabalho com os *eidolons* mude a maneira como você vive sua vida. Isso tem a ver com o fato de que trabalhar com *eidolons* é nada menos do que incorporar uma camada de realidade antes invisível aos cálculos de sua rotina diária. Isso pode acontecer gradualmente ou você pode acordar uma manhã e perceber que sua vida é indelevelmente diferente do que era antes. De certa forma, a magia que apresento neste livro é semelhante a *hackear* sua consciência. Você está aprimorando sua percepção para detectar coisas que não conseguia antes e, agora, cômodos que antes estavam vazios podem, de repente, abrigar padrões energéticos e inteligências. Uma ida ao supermercado, antes entediante, agora pode ser palco de inúmeras conversas internas com seres estranhos e fascinantes. Se esses fenômenos são interpretados como acesso a uma parte mais profunda do subconsciente ou a um reino externo real vai depender do seu paradigma, mas eles representam uma mudança na consciência de qualquer maneira.

Embora seja importante incorporar a existência dos *eidolons* de forma holística no seu dia a dia, é igualmente importante, se não ainda mais, garantir que isso não domine o resto de sua vida. Isso quer dizer que nós, como magos, devemos ficar no ponto de apoio entre os mundos visível e invisível e não permitir que nosso foco se desvie demais para nenhum deles. Não devemos nos concentrar no mundo material em detrimento de nossas buscas mágicas e não devemos nos concentrar em nossa magia em detrimento da saúde e dos relacionamentos no mundo físico. É preciso encontrar um equilíbrio. Nossa magia deve nos ajudar a estar mais presentes no mundo mundano quando for apropriado, e nossa vida cotidiana deve nos dar tempo para nos dedicarmos à nossa magia. Não é melhor iluminar selos de *eidolon* enquanto dirige do que enviar mensagens de texto e dirigir. Dê atenção a cada tarefa que estiver realizando.

CAPÍTULO 7

VIVENDO COMO UM MAGO

No capítulo anterior, você aprendeu a expandir sua prática fundamental com técnicas e conceitos definidos. Neste capítulo, você vai aprender maneiras de desenvolver sua própria caixa de ferramentas mágicas exclusiva de insígnias e rituais e começar a desenvolver uma definição de sua prática com base nos temas e ideias que escolheu.

Este capítulo tem o título "Vivendo como um Mago", porque desejo fazer uma distinção deliberada de que não se "faz" magia, a pessoa "vive" a magia. Magia é magia. Com muita frequência, a mente inquiridora busca a magia como um aprendiz, achando que ela é uma ferramenta como um ancinho, que pode ser pego quando necessário e colocado em um galpão quando não for mais útil para uma tarefa específica. Essa não é uma metáfora apropriada para a magia, mas é facilmente adotada em um mundo em que a gratificação instantânea e a mercantilização são as normas culturais. A magia é muito mais parecida com um instrumento musical. Ela requer prática, dedicação e compreensão diferenciada para ser dominada. Um iniciante pode fazer melodias simples, enquanto um virtuoso pode conjurar sinfonias aparentemente do nada, mas na verdade, isso se deve a décadas de dedicação que não são vistas pelo público. Essas duas posições são válidas no caminho do músico – iniciante e virtuoso – desde que ambas estejam focadas no aprimoramento. Não há vergonha em ser um iniciante e não há mistério em ser um mestre. É apenas uma questão de quanto tempo e esforço foram dedicados até o momento. Até mesmo essa metáfora musical, no entanto, está faltando. Isso se deve ao fato de que um instrumento não está com você em todos os momentos do seu dia, e a magia está. A magia é uma mentalidade, um comprimento de onda e um estado de ser.

A Transmutação do Mago

A magia é uma das poucas escolas de instrução que busca evitar a si mesma no auge de sua prática. Seu objetivo é o de levar você a um estado transcendente, à clareza de vontade e à singularidade de propósito. Uma vez que isso tenha sido alcançado, a prática mágica não é mais estritamente necessária. Você não precisa se envolver em magia formal, pois já está completamente sintonizado com ela a ponto de não se perceber mais separado dela. Essa é a razão pela qual enfatizei que você não precisa se prender a ferramentas ou linguagem específicas. Tudo isso pode ser distrações limitantes que permanecem no fluxo da magia. Costumo dizer que não lanço feitiços. Isso quer dizer que na maioria das vezes evito a necessidade de rituais elaborados, porque faço o possível para permanecer no estado de consciência ritual o tempo todo. Ainda me envolvo em rituais, porque essa é uma prática bonita, especialmente para marcar feriados ou datas específicas, mas entendo intrinsecamente que isso não é realmente necessário. Como afirmei no início, apenas a vontade é necessária e pode ser usada para direcionar as harmonias sutis da existência sem alarde ou obscuridade. Não lanço feitiços, pois já superei a necessidade de me convencer de que preciso criar efeitos por meios elaborados. Simplesmente aceito que o efeito ocorrerá conforme minha vontade, quando eu direcionar essa vontade para as energias ao meu redor.

Se você seguiu as instruções deste livro até agora, provavelmente fez várias anotações sobre as mais diversas observações que fez ao se envolver com as meditações e os rituais frequentemente prescritos. É muito provável que você tenha visto e experimentado algo que não esperava – coisas que podem ter desafiado suas afirmações anteriores sobre magia e sobre a realidade em geral.

Cada um de nós morre muitas mortes antes que o vaso mortal acabe perecendo. São as mortes do ego, momentos em que precisamos desafiar nossas afirmações e aceitar que nossos paradigmas mudaram e que, como resultado, precisamos mudar. O ego é o inimigo mais insidioso do magista. Recusar-se orgulhosamente a abandonar as afirmações antigas quando novas evidências são apresentadas é aceitar a morte por calor entrópico do crescimento pessoal e, em última análise, de qualquer gnose verdadeira.

Se você acompanhou este livro até este ponto, é provável que ele o tenha mudado de alguma forma, apenas pela simples meditação repetitiva. É difícil passar algum tempo em contemplação silenciosa sem que ocorra crescimento. Se você seguiu o caminho ao pé da letra, iniciou-se por meio da ascensão concêntrica e conversou com *eidolons*, é provável que agora se considere um mago.

Costumo dizer que, ser um mago é passar pela existência mortal com um determinado conjunto de suposições. Aquelas que você criou para si mesmo e desenvolveu por meio de sua prática. Essas hipóteses sobre a natureza da magia e da realidade devem ser sempre testadas e expandidas à medida que você avança. Entretanto, independentemente do seu paradigma operacional, você se tornou algo que talvez não tenha sido antes.

É aceitar que a vontade detém o poder, que a energia permeia a existência, que essa energia é capaz de ser dirigida pela vontade, que as inteligências habitam o mundo e o *self* e que elas podem ser chamadas para realizar a potencialidade e ajudar a manifestar a vontade. A pedra angular da magia é entender que a vontade pode ser exercida com mais força por meio de práticas de visualização e rituais, e a percepção da geometria sutil da existência pode ser manifestada e explorada na quietude da meditação. Basta reconhecer que toda maestria começa, em primeiro lugar, com o autodomínio, e que todo dano é equivalente à autoflagelação.

Ser um mago é ser um ontologista experimental aplicado. Isso significa que a pessoa está sempre buscando entender os mistérios existenciais por meio da aplicação de práticas mágicas. As respostas que encontrar mudarão você. A estrada do mago pode ser solitária; ela o levará a pensar em caminhos que podem ser considerados estranhos, tabus ou simplesmente alheios aos outros. Para isso, devo citar Eurípides:

"Para o tolo, aquele que fala de sabedoria, parecerá tolo". Nesta época, quando até mesmo a ciência fisicamente reproduzível e prontamente quantificável é frequentemente negada, certamente a arte sutil da magia é difícil de explicar para os não iniciados. Pode-se dizer que a magia tem, paradoxalmente, um custo de entrada baixo e alto. Em termos físicos, a Arte da Magia pode ser praticada sem nenhum custo monetário. Basta ter vontade de aprender e abertura para o não quantificável. No entanto, também é preciso evitar a vaidade, ter humildade de espírito e muita paciência para resultados não imediatos obtidos por meio do autocultivo. Para alguns, esses preços são extremamente difíceis de serem pagos.

Buscando a Eternidade

Quanto mais progredir na prática desse sistema, mais sintonizado com os movimentos dos padrões indeléveis da existência estará. Acho que seria intelectualmente desonesto da minha parte não lhe dizer que isso o tornará muito estranho para os padrões da sociedade. A normalidade é uma construção social, mas também é matemática; é uma curva de sino que expressa os comportamentos que o membro médio de uma sociedade exibirá em uma determinada situação. A pessoa comum, infelizmente talvez, não é um mago. Portanto, a pessoa comum não pode observar os padrões que se tornarão uma grande parte de seus processos de tomada de decisão. Sendo assim, seu comportamento pode parecer irracional para os outros. Para determinar com precisão a racionalidade de uma decisão, a pessoa precisa entender todos os fatores envolvidos. Para o observador externo, que não perceberá certos fatores vitais devido às limitações em seus próprios poderes de observação, sua jornada do ponto A ao ponto B na tomada de decisões pode parecer sem sentido. Podemos usar um exemplo. Digamos que o dia esteja ensolarado pela manhã, mas o boletim meteorológico prevê pancadas de chuva à tarde. Então você decide levar um guarda-chuva ao sair de casa. Seu vizinho o vê andando com um guarda-chuva debaixo do braço, mas não viu a previsão do tempo. Ele acha que você é estranho por carregar um guarda-chuva em um dia tão bonito, porque ele está perdendo uma informação vital. Será assim quando aqueles que não estão sintonizados com os ritmos da existência observarem as ações daqueles que estão.

Buscar a magia é aceitar que não se pode ter todas as respostas, e que a existência é confusa e bela, e que você pode passar a vida inteira vislumbrando as revoluções inefáveis do mecanismo divino sem dar a elas um sentido claro, organizado ou reconfortante. Isso é difícil para muitas pessoas.

Formar um grupo de prática é uma maneira de encontrar pessoas com quem possa se solidarizar. Quer os chame por epítetos místicos, como Coven, Cabala ou Círculo, quer os nomeie por outros termos semelhantes, a ideia geral é a mesma. Esses são grupos nos quais você pode praticar magia em conjunto ou separadamente e discutir resultados, observações e teorias conjuntamente, ou alguma combinação dos dois. Neste sistema especificamente, esses grupos também podem ser formados para compartilhar ou coiluminar os selos de *eidolons* que expressaram interesse em ajudar novos adeptos.

Hoje, devido à saturação das tecnologias de telecomunicações na nossa vida, talvez seja mais fácil do que nunca formar esses grupos. Estamos quase sempre a uma tela de distância de uma videoconferência, fóruns on-line ou grupo de mídia social de pessoas com a mesma opinião. É claro que sempre há algo a ser dito sobre o contato face a face à moda antiga, por meio do qual podemos compartilhar sacramentos sociais como uma refeição mútua ou um ritual físico.

A dedicação à arte provavelmente não só afetará seus relacionamentos, fazendo com que você naturalmente procure outros magos com quem se comunicar e evite aqueles que vivem em paradigmas inflexíveis alimentados pelo ego, como também afetará a maneira em que vive sua vida diária. Em um determinado momento, você não terá mais espaço para certas coisas. Você perderá os apegos à fisicalidade, entendendo que a consciência não está ligada ao corpo, que serve apenas como um canal para traduzi-la para o mundo material. Você também perderá a maior parte do medo da morte física por esse mesmo motivo. Os hormônios do corpo, a adrenalina e outras coisas, ainda vão funcionar, mas nos espaços calmos de sua percepção, você entenderá que não é o seu corpo.

Além disso, terá aprendido a dar um passo para trás em relação ao seu ego. Por meio da meditação e do discernimento, você vai perceber que todas as consciências estão simplesmente prosseguindo na jornada da encarnação em seu próprio ritmo. Não é possível menosprezar nem invejar alguém pelo ponto em que se encontra em seu caminho espiritual; você só pode cuidar do seu próprio caminho. Seu caminho é o único que sua vontade pode controlar sem prejudicar os outros por meio da revogação da própria vontade. Você não pode cuidar do seu jardim enquanto está obcecado com o do seu vizinho e, quanto mais se intrometer no dele, mais o seu cairá no abandono. Em vez disso, cuide do seu jardim e faça isso de forma a servir de exemplo para aqueles que desejam cultivá-lo da mesma maneira. Da mesma forma, aprenda a não se envaidecer com seus sucessos ou desanimar com seus fracassos. Esses são apenas passos no caminho, ficar remoendo-os impede o avanço. Ficar remoendo os momentos passados vai tirar o foco de estar totalmente consciente no momento presente. Aprenda com eles e siga em frente com essas lições incorporadas.

Meu Paradigma Pessoal

Em meu próprio paradigma operacional, eu me baseio em várias suposições fundamentais. Elas mudaram ao longo dos anos e, suspeito fortemente, que mudarão novamente com mais pesquisas e experimentos. Entre elas está o princípio do didatismo, que afirma que estamos aqui para aprender. Especificamente, acredito que o estado natural da consciência é livre da matéria física e não conhece o sofrimento. Em minha opinião, estamos presos a essas frágeis formas mortais, para entender o que é ser limitado, e mais importante, para ver o que fazemos quando acreditamos que nosso conforto, segurança ou a própria existência está em jogo. Escolhemos agir de forma compassiva ou egoísta? Acredito que devemos trabalhar em prol da compaixão. Estamos aqui para aprender a ser graciosos e ajudar gentilmente os outros a aprender também. Isso é simplesmente o que passei a acreditar por meio de minhas meditações.

Compartilho essa parte do meu paradigma operacional com o objetivo de provocar uma reflexão sobre o que você acredita ser a natureza deste mundo, que tem sido rotulado como uma prisão, um paraíso, um campo de provas e muitas outras coisas. Acredito que o mundo seja uma sala de aula. Não sei se alguém pode ser aprovado ou reprovado em seu curso, mas acredito que pode refazê-lo muitas vezes. Ainda não consigo discernir se é por designação ou por inscrição própria. Você deve decidir por si mesmo o que acredita ser a natureza desta vida, ou se considera essa questão importante. É claro que há aqueles que acreditam que a totalidade da existência está contida nos fenômenos físicos, mas acho improvável que os magos adotem esse ponto de vista por natureza, já que nos tornamos profundamente conscientes de muitas facetas da existência que se escondem além da medição física ou da detecção externa. No entanto, para aqueles que aderem à crença somente na substância material básica, eu citaria o famoso físico Max Planck, que declarou: "Considero a consciência como fundamental. Considero a matéria como derivada da consciência. Não podemos nos afastar da consciência. Tudo sobre o que falamos, tudo o que consideramos existente, postula a consciência"[6]. Por outro lado, de todos os cientistas, acho que os físicos estão envolvidos nas atividades mais semelhantes às dos magos. Estamos, de maneiras bem diferentes, buscando respostas para perguntas notavelmente semelhantes sobre a natureza do ser. Independentemente disso, até mesmo um ponto de vista completamente materialista pode ser conciliado com sua prática, se você assim preferir.

    É importante pensar em pontos de vista como esse, porque é provável que grande parte de seu tempo seja ocupado com perguntas. A maior, mais profunda e mais antiga dessas perguntas é "por quê?".

    "Por quê?" é a pergunta que está mais profundamente enraizada em nós. Companheira constante tanto das crianças pequenas quanto dos filósofos, esta pergunta é tão completa e inextricavelmente central para a experiência humana, que sua busca nos preocupa desde que temos registro de nossas reflexões, talvez mais do que qualquer outra coisa em nossa história. Filosofia, religião, ciência – todos esses ramos do pensamento buscam responder a vários porquês. Por que estamos aqui? Por que o sol nasce e se põe? Por que as marés vêm e vão? Por que as pessoas se

---

6. Sullivan, *Observer*, 17.

comportam cruelmente com outras pessoas? Por que vivemos em um tempo linear? Por que morremos?

    Você começou sua jornada com este livro com seus próprios questionamentos e em algum momento provavelmente se perguntou sobre o motivo de estar buscando a Arte da Magia. Essa resposta mudou desde a última vez que você refletiu sobre ela? Por que você desejou passar por essa transformação, com muitas etapas e longas horas de meditação e rituais para alcançar um novo estado de consciência? Se você se dedicou seriamente aos exercícios deste livro, terá passado por muitas horas de prática antes de chegar a esta página. Essa não foi uma tarefa pequena. Se você se dedicou com seriedade aos exercícios detalhados neste livro e se eu não falhei ao explicá-los, sua vida daqui para frente será diferente. Agora você será capaz de perceber, com sentidos antes silenciados, o fluxo de energia ao seu redor. Você está sintonizado com as comunicações silenciosas dos *eidolons* quando eles revelam seus selos e maneja ferramentas que antes não se manifestavam. Tudo isso você empreendeu e alcançou, e é importante saber por quê.

    A esta altura, sua prática provavelmente já foi estabelecida. As técnicas básicas de magia deste sistema foram reveladas, o que o levou a despertar para o fluxo de energia ao seu redor e através de você, conduzindo-o a um estado de graça permanente. Agora você já pode se comunicar com os *eidolons*, iluminá-los e chamá-los, porque aprendeu a fazer isso criando um Círculo e empunhando um cetro de sua vontade. Você criou um santuário em sua psique e permitiu que suas mãos fizessem interface com os fluxos sutis ao seu redor. Essa é a totalidade da base de sua prática. Você é um Mago.

E Agora?

As páginas seguintes deste capítulo vão se esforçar para equipá-lo com os recursos necessários para desenvolver suas próprias técnicas, incluindo o desenvolvimento de suas próprias insígnias e rituais. Além disso, esta parte vai ajudá-lo a definir a sua prática, estabelecer metas, apresentá-lo a um pequeno sistema de notação abreviada para o trabalho ritualístico e levá-lo a estabelecer uma nomenclatura para falar sobre a sua prática. Após esses assuntos, discutiremos técnicas para o praticante avançado.

Insígnias são símbolos de um acordo específico entre você, a magia e um *eidolon*. Há muitas técnicas para criar insígnias, mas todas giram em torno da criação de um acordo. Isso é feito invariavelmente com um *eidolon* com o qual já tenha estabelecido uma relação de trabalho estável. A pessoa pode entrar em seu Templo da Mente, chamar um *eidolon* em um Círculo criado por ela mesma e começar a conversar. O praticante e o *eidolon* devem então decidir sobre um sinal entre eles. Este sinal, chamado de "insígnia", quando dado, provoca uma reação predeterminada do *eidolon* que o estiver ouvindo. Uma insígnia pode ser uma palavra ou frase especial a ser pronunciada, um item a ser agitado em um determinado padrão, um pedaço de papel com um símbolo específico a ser rasgado ou queimado ou qualquer coisa pequena e fácil de ser realizada. Desta forma, uma insígnia pode ser considerada como um "feitiço" tradicional. Por exemplo, você pode estar prestes a embarcar em uma empreitada assustadora. Então você chama um *eidolon* e pede que em seu momento de necessidade ele o ajude a dominar seu medo. Eles concordam e você decide uma palavra que, quando pronunciada, fará com que eles se aproximem rapidamente para ajudá-lo a dissipar o medo.

Discutiremos outras técnicas e ideias para a criação de insígnias nas próximas páginas.

Agora você já está familiarizado com os rituais, sabe que eles desempenharam um papel importante para que chegasse a esta sentença, já se envolveu no Ritual Menor de Banimento do Pentagrama, bem como na Invocação dos Elementais, forjou seu Cetro Mágico e preparou seu Cetro de Artifício como recipiente, dedicou-se ao trabalho praticando o Círculo de Ascensão Concêntrica e buscou o além na Passagem do Portal do Octadecágono. Então você sabe como realizar rituais. Para seguir adiante em seu caminho, você também deve saber como criá-los.

A criação de rituais é uma forma de arte que se baseia na alegoria e no simbolismo para influenciar a mente subconsciente. Ela também conduz as energias reunidas para promover um estado específico ou alcançar um resultado desejado. Nesta seção, você vai receber uma caixa de ferramentas com as quais poderá criar rituais para atingir os objetivos e as consultas que deseja. Essas ferramentas incluem um conjunto de símbolos abreviados para ajudar a inserir seus rituais em seu grimório, bem como sugestões sobre escolhas linguísticas e geométricas, coreografia, quando aplicável, gestos com as mãos e implementos rituais opcionais a serem incorporados. Além disso, vai receber fórmulas específicas para a criação de rituais concisos projetados para serem executados sem a necessidade de uma preparação muito elaborada, demorada ou com aquisição de reagentes obscuros.

Após as instruções sobre o ritual, haverá um interlúdio antes da próxima seção, na qual será solicitado que você reflita sobre as metas da sua prática e defina melhor como alcançá-las. De muitas maneiras, as palavras são o veículo da vontade. Por meio delas, você pode expressar o funcionamento interno da sua mente para outras consciências. Por isso é benéfico entender as palavras que você usa para definir suas práticas e o que elas significam para você.

Vamos começar.

Criando Insígnias

Esse sistema de magia é contemplativo. Ele se concentra na introspecção e na sintonia profunda consigo mesmo e com o ambiente ao seu redor. Isso é feito por meio de meditação e rituais que enfatizam o estabelecimento de conexões com o subconsciente. Em um paradigma interno, pode-se ver os *eidolons* como os protocolos inerentes da psique que funcionam além da consciência em nível superficial. O problema que surge quando se interage dessa maneira é que há pouca ênfase na rapidez. Os efeitos são obtidos por meio da meditação e do ritual e nem toda situação é adequada para essas práticas. Manifestar *eidolons* usando sigilos e chamando por eles é uma maneira de contornar a necessidade de rituais mais longos, uma vez que já tenha adquirido um nível de conforto. Outra solução mais direcionada são as insígnias, que devem ser usadas "na natureza" ou fora de um espaço ritual formal.

Uma insígnia é um símbolo, um gesto ou uma ação simbólica que um *eidolon* concordou em responder de maneira predeterminada para ajudá-lo de forma específica. Quer você veja isso como um sinal definido para uma entidade externa, quer veja como o som de um pensamento subconsciente, o resultado é o mesmo. Lembre-se de que todas as coisas estão interligadas e que seu poder provém principalmente de sua vontade como uma consciência autossoberana e compassiva, que age sobre a tecelagem que nós, seres físicos, concordamos mutuamente em chamar de "realidade".

Embora uma insígnia completa possa ser usada em qualquer lugar, é no Templo da Mente que ela é criada. Para começar a criar uma insígnia, você deve decidir sobre três componentes essenciais. Em primeiro lugar, deve decidir o que e para que criá-la. Você precisa de ajuda com uma tarefa mental difícil, como parar de fumar ou adquirir uma disciplina necessária para correr uma maratona ou estudar para uma prova? Precisa de ajuda para estabelecer padrões de pensamentos positivos? Deseja uma ferramenta para afastar más intenções? Tudo isso são bons motivos para o uso de insígnias. Quando tiver decidido o propósito, faça uma entrada para a insígnia em seu grimório. Você pode nomear sua insígnia de acordo com a finalidade dela ou pensar em qualquer nome fantasioso que lhe agrade. Depois de saber qual é o seu objetivo, você precisa se perguntar por que deseja alcançá-lo. Medite sobre esse objetivo e questione-se antes de prosseguir para a próxima etapa. Por que ele é importante para você?

O segundo componente é a natureza real da insígnia no mundo físico. Será um símbolo como o sigilo de um *eidolon* que deve ser desenhado? Um gesto de mão? Uma palavra a ser pronunciada? Um assobio? Um zumbido? A consideração essencial é que uma insígnia não é permanente. Um ponto focal permanente para um *eidolon* ou efeito neste sistema é chamado de "Portal" (a criação de portais é discutida no capítulo 8). Uma insígnia é semelhante a um feitiço. Seu objetivo é desencadear um efeito instantâneo quando evocado. Em minhas insígnias, na maioria das vezes uso uma combinação de palavras e gestos de mão, mas também utilizo meios mais sutis em situações em que isso não seria apropriado. Um símbolo específico desenhado em papel funciona em qualquer lugar onde tenha um caderno. Se estiver com dificuldade para decidir o que usar, recomendo um gesto manual feito com as mãos carregadas, como na Meditação da Mão Florescente, e combinado com uma palavra de sua própria criação.

Outra consideração sobre a criação de insígnias é a possibilidade de evocá-las acidentalmente. É melhor escolher coisas específicas que não seriam feitas ao acaso. Ao selecionar as palavras, é melhor fabricar uma, ou usar alguma em outro idioma, do que usar uma palavra que costuma falar em uma conversa. Da mesma forma, gestos de uso comum com as mãos, como o polegar para cima ou o sinal de paz, são insígnias ruins. Qualquer coisa que possa dizer ou fazer distraidamente deve ser evitada.

Os componentes comuns das insígnias podem incluir, mas não estão limitados a:

- Uma combinação de palavras e gestos.
- O ato de desenhar um símbolo.
- Um conjunto de movimentos feitos com um objeto físico específico, como uma varinha.
- Uma sequência específica de notas, zumbidos ou assobios.
- O ato de rasgar, queimar ou submergir um pequeno objeto ou símbolo específico.
- Uma rima ou frase curta que não surgiria em uma conversa.

Depois de nomear sua insígnia, decidir sobre sua natureza física e registrar essas informações em uma entrada em seu grimório, você estará pronto para decidir sobre o último componente necessário: com qual *eidolon* deseja se envolver para realizar a insígnia. É importante reiterar que todo o poder provém da energia eterna e permeável da existência que flui inextricavelmente através de você como um ser consciente. No entanto, os *eidolons* devem ser vistos como mãos que ajudam em um mundo em que nossa própria mente muitas vezes nos atrapalham. A esta altura, você deve ter uma relação de trabalho com vários *eidolons* selecionados deste livro e, com sorte, outros que você mesmo iluminou. Também já deve ter uma ideia de suas personalidades e das tarefas de que gostam e nas quais se destacam. Isso deve lhe dar uma ideia de qual deles abordar para a tarefa em questão. Saiba qual *eidolon* pretende abordar antes de prosseguir, mas não registre isso em seu grimório até que um acordo tenha sido feito.

É possível que o *eidolon* escolhido não queira se envolver no trabalho que você está propondo, e isso não tem problema algum. Se esse for o caso, não insista no assunto. Em vez disso, agradeça a ele pela consideração e selecione outro. Também é possível que não tenha nenhum *eidolon* em sua Arca que deseje colaborar em uma insígnia específica. Isso é raro, mas não é inédito. Em geral, quanto mais amplo for o uso de uma insígnia, mais fácil será de encontrar um *eidolon* para trabalhar com ela; quanto mais específico for, mais difícil será. Por exemplo, quase qualquer *eidolon* pode se dispor a ajudá-lo a criar uma insígnia para afastar energias negativas quando você perceber que elas estão próximas. Por outro lado, pode ser um pouco mais difícil encontrar um *eidolon* interessado em criar uma insígnia específica para ajudá-lo a dominar a arte do origami. Os *eidolons* também têm interesses e talentos.

Quando tiver selecionado o *eidolon* que deseja abordar, o próximo ponto é fazer um acordo com ele. Como regra geral, em minha experiência, os *eidolons* não pedem nada em troca de sua ajuda. Eles não existem em um estado em que precisam de algo e ficam felizes em ajudar se forem tratados com respeito e consideração, como devemos tratar qualquer colega. Se você encontrar um *eidolon* pedindo coisas em troca, aconselho que o dispense e não procure mais fazer contato. Digo isso para que entendamos que um acordo não é o mesmo que um negócio.

Um acordo para uma insígnia ou para um portal, como discutiremos mais adiante, pode ser visto mais como um roteiro. Você está solicitando um *eidolon* para ser lançado no desfile de sua magia, e eles estão decidindo se isso lhes interessa ou não. Se for o caso, vocês têm um acordo e a insígnia é criada.

Uma insígnia pode ser desfeita a qualquer momento da mesma forma que foi criada. Basta entrar em contato com o *eidolon* envolvido, informá-lo de que ele não é mais necessário e dissolver cordialmente o acordo. A etiqueta é muito importante ao lidar com os *eidolons*.

Para criar uma insígnia, você vai precisar dos três componentes discutidos anteriormente: um efeito desejado, um gatilho para esse efeito e um *eidolon* candidato para ajudar a traduzir esse efeito em realidade. Realize então um de seus exercícios de centralização e entre em seu Templo da Mente. Uma vez lá, defina seu espaço com um dos rituais apropriados, entendendo que seu círculo abrange todo o templo mental. A partir daí, chame o *eidolon* que escolheu e discuta a insígnia que propôs. Muito provavelmente, como esse deve ser um *eidolon* com o qual você tem experiência de trabalho, ele vai concordar e sua insígnia estará completa. A etapa final é registrar em seu grimório o *eidolon* que está facilitando a entrada da insígnia.

Para dar um exemplo bem simples, digamos que você tenha feito um acordo com o primeiro *eidolon* para ajudá-lo a superar seu hipotético medo do palco. Você decidiu que usará um gesto e uma frase antes de subir ao palco. Então, passe a mão aberta na frente do rosto e diga "o mundo inteiro é um palco". Isso servirá como um sinal instantâneo para o primeiro *eidolon* do qual você precisa da assistência acordada. As insígnias são, por definição, efeitos instantâneos. Os efeitos contínuos são realizados de maneira semelhante, mas não idêntica, com o uso de portais, que serão abordados mais adiante.

Um magista pode ter uma ou duas insígnias ou uma coleção de centenas delas. Você deve rever suas insígnias de vez em quando, meditar sobre elas e consolidá-las em sua mente. Se você tiver muitas insígnias, também pode ser uma boa ideia revisá-las e ver se elas ainda são necessárias. Se não forem, simplesmente dissolva-as. Marque as insígnias dissolvidas em seu grimório, talvez com um símbolo específico. O símbolo ritual de liberação serve bem a este propósito e está contido na próxima seção.

Criando Rituais

Enquanto as insígnias servem como atalhos preparados para a sua magia, os rituais são a unidade básica pela qual o trabalho é feito quando temos tempo e espaço para trabalhar em um ritmo moderado. Seus exercícios de definição de espaço são rituais, assim como o Círculo de Ascensão Concêntrica, a Passagem do Portal do Octadecágono e os métodos pelos quais você trouxe à existência o seu Cetro Mágico. Invocar *eidolons* envolve um ritual curto. Esses rituais foram apresentados por um colega magista na esperança sincera de que mais pessoas os adotem e se beneficiem dessa adoção. Nós, magos, compartilhamos entre nós para que nosso aprendizado se torne maior do que a soma de suas partes. Daqui para frente, criar seus próprios rituais, tanto para si mesmo quanto para compartilhar com os outros, provavelmente se tornará uma parte essencial de sua caixa de ferramentas mágicas.

O trabalho ritual é baseado na compreensão do simbolismo – cores, direções, imagens, objetos e narrativas – e é usado para produzir fórmulas alegóricas para manifestar intenções. Um livro totalmente separado poderia facilmente ser dedicado à elaboração de rituais, detalhando exaustivamente os significados simbólicos de pedras, plantas, animais, gestos e todas as outras coisas à luz do nosso sol e além. Entretanto, essa não é a intenção desta seção e já existem muitos livros sobre esses assuntos. Minha intenção é instruí-lo sobre uma fórmula, uma matriz na qual se pode inserir seus próprios ícones de significado para elaborar rituais com sentido e substância para você.

Todas as coisas que existem extrinsecamente existem intrinsecamente. Isso quer dizer que, se um objeto existe no mundo, ele também deve existir na percepção da consciência. Se existe uma espada aqui, existe a ideia de uma espada em outro lugar. Essa ideia pode ser usada para visualizar uma espada, desta forma, todas as coisas podem existir simbolicamente no ritual. Além disso, muitas coisas existem no reino interior que não existem atualmente no reino exterior, permitindo símbolos rituais que não tem cognatos no mundo físico. Basta dizer que o poço de simbolismo para uso em rituais é quase inesgotável, embora a maioria dos magos pareça desenvolver um determinado conjunto de componentes simbólicos que eles reciclarão em seus trabalhos. Essa paleta temática o ajudará a definir melhor a sua prática na seção seguinte deste capítulo.

Será útil para você desenvolver um conjunto de ferramentas que sirva para levá-lo ao estado ritual de consciência, que é um estado liminar entre a realidade da vigília e o transe onírico no qual você atravessa a fronteira dos mundos físico e simbólico. Essas ferramentas devem envolver vários sentidos ao mesmo tempo. No nível mais básico, e sem componentes externos, você pode incorporar movimentos de mão ou coreografia de corpo inteiro e o som do seu próprio cantarolar ou cântico. Expandindo sua bolsa de componentes, você vai poder incorporar objetos externos para desencadear respostas sensoriais. Pessoalmente, recomendo incenso ou ervas secas perfumadas. O aroma tem uma conexão poderosa com a memória; criar a associação de um determinado aroma com o ritual pode ser útil. Seu Óleo de Abramelin do Novo Mundo também pode ser útil aqui. Talvez você queira incorporar uma iluminação especial, como lanternas coloridas, ou objetos específicos para marcar visualmente as bordas do seu espaço ritual.

A fórmula do ritual essencial para esse sistema é um processo de seis etapas, conforme descrito a seguir. No entanto, lembre-se de que só você decide o que funciona a si mesmo. É sua tarefa explorar e determinar quais edições e variações dessa fórmula ritual funcionam para você ou forjar uma fórmula totalmente nova, se assim decidir.

As etapas de um ritual

- Alcançar um estado centrado.
- Definir seu espaço.
- Definir sua intenção de trabalho.
- Realizar a manifestação.
- Liberar seu efeito.
- Encerrar seu ritual.

A primeira etapa, que é alcançar um estado centrado, é o precursor de todo o trabalho ritual. Nesta etapa, você chegará a um lugar de calma, permanência e consciência do momento presente. Isso geralmente é feito por meio de um exercício de centralização, como o Pilar do Meio, a Meditação Rigpa ou a Meditação do Fio Branco. À medida que progride, você pode se conscientizar de outras maneiras para chegar a esse estado, e essa consciência pode também servir aqui.

A segunda etapa, que é definir seu espaço mágico, é o preâmbulo do trabalho de intenção do ritual. O Ritual de Banimento Menor do Pentagrama e a Invocação dos Elementais são exercícios prontos para definir seu espaço. Fazendo isso, você vai estabelecer um limite além do qual nenhum efeito mágico que não seja de sua vontade pode penetrar. Também é provável que consiga levar a energia de dentro do seu espaço mágico a um nível que é poderosamente carregado com a direção da vontade. A definição do espaço pode ser feita de diversas maneiras e pode utilizar muitos reagentes simbólicos, como desenhar um Círculo de sal, colocar uma esfera de cristal em cada direção cardeal ou usar um Círculo existente de pedras, se desejar.

A terceira e a quarta etapas são aquelas em que a maior parte do trabalho ritual é realizada. Na terceira etapa, você vai definir o efeito que deseja manifestar. Ao definir a sua intenção de trabalho, irá declarar em voz alta o que deseja alcançar. A linguagem dos rituais costuma ser alegórica e poética, muitos praticantes acham que isso aumenta a beleza do ritual, portanto, melhora sua experiência; porém isso não é um requisito. A eficácia de um ritual é determinada pela vontade, não pela aptidão linguística.

Na quarta etapa, a manifestação da ação, a execução e a forma de concretizar sua intenção previamente declarada será definida. É aqui que você pode invocar *eidolons*, direcionar energias e suplicar às sub-rotinas da existência por meio de instruções alegóricas. Você vai reunir energias, solidificando-as e sentindo-as se aglutinarem ao seu redor. Essa etapa provavelmente fará com que sinta uma carga no ar ou uma vibração estática que desafia a capacidade de categorização do sentido físico. Sua vontade será definida em torno de si e será perceptível que ela se entrelaça.

Na quinta etapa, que é liberar seu efeito, você vai conduzir a energia de manifestação que reuniu e vai estimulá-la, permitindo que ela se expanda por vontade própria e se esforce nos limites do seu Círculo, ansiando por se tornar real. Isso pode ser feito por meio de comando verbal, gestos físicos ou uso de materiais físicos, como incenso, ervas ou ferramentas rituais.

Finalmente, a etapa seis, que é fechar o Círculo, é a etapa mais curta e envolve o agradecimento formal a todas as entidades com as quais trabalhou ou pediu que cuidasse de você, a dissolução do Círculo e a saída da mentalidade do ritual para voltar à operação cotidiana.

Para ilustrar essas seis etapas, darei um exemplo de ritual comunicado passo a passo para proporcionar mais clareza. Este ritual tem a simples intenção de liberar a cura no mundo para fazer o bem de forma espontânea e autopropagada, semeando a compaixão onde quer que seja. Você não precisa realizar este ritual; basta lê-lo para que ele sirva de exemplo das etapas já descritas.

Exemplo de ritual

Etapa 1: realizar a Meditação Rigpa. Isso deve ser feito até que se alcance um estado calmo e centrado.

Etapa 2: colocar um globo de pedra ou obelisco em cada direção cardeal, equidistante do centro de onde você está. Usando uma bolsa com sal e alecrim seco, chame os quadrantes e salpique o sal de alecrim cada vez que se virar. (Isso faz parte do projeto deste ritual específico, mas implementos físicos nunca são estritamente necessários, portanto, não sinta que seus projetos devem incorporá-los. Escolhi sal e alecrim neste caso por suas representações simbólicas de pureza e amor, respectivamente).

Etapa 3: vire-se para o Leste e defina sua intenção. Segure o cetro acima da cabeça e mantenha a mão não dominante ao lado do corpo. Com a palma aberta, os dedos voltados para o chão e a palma voltada para a frente, diga:

Arcanjos, guias, benevolência dentro de mim e ao meu redor, peço que se reúnam aqui e cuidem do meu trabalho. Estou em um Círculo de minha vontade e seguro acima de minha cabeça o cetro de minha Arte. Permaneçam comigo enquanto realizo este trabalho com a intenção de trazer a cura para este mundo, ampliar a compaixão onde quer que ela exista e acendê-la onde ela não exista.

Etapa 4: coloque as mãos à sua frente, com a parte superior do seu cetro aproximadamente na altura dos olhos. Coloque sua mão vazia, com os dedos levemente curvados como se estivesse segurando uma esfera invisível, posicionada a cerca de 30 cm de distância horizontalmente da parte superior do cetro. Mantenha os cotovelos ligeiramente flexionados. Seus braços devem estar relaxados o suficiente para manter a posição por alguns minutos. Comece a puxar a energia por meio do conduíte central estabelecido em sua meditação e a aglutine, imaginando-a viajando por sua mão dominante, subindo pelo cetro e reunindo-se no topo em uma esfera brilhante. Por meio de sua mão não dominante, visualize a energia saindo da palma da mão, descendo pela ponta dos dedos e entrando na esfera que se forma no topo do cetro. Ao fazer isso, diga:

> *Eu os chamo para testemunhar, inefáveis geômetras do Altíssimo. Vocês, espíritos benéficos, que os filhos da mortalidade chamaram de anjos, devas, amesha spentas, bodhisattvas, magos ascensos e inúmeros epítetos perdidos no tempo. Seres de poderosa alegria, cujos rostos são facetas das joias de uma miríade de crenças, atendam-me. Untem-me com as crismas da compaixão e emprestem-me seu poder radiante. Eu me valho desse poder para banir o mal. Eu me valho desse poder para ampliar a compaixão. Eu me valho desse poder para curar as feridas invisíveis deste mundo. Eu carrego esse poder com uma justiça sedenta, uma bondade inequívoca e minha própria vontade implacável.*

Continue a extrair a energia até que o ar ao seu redor seja alterado pela estática da presença dela e você sinta sua plenitude como um sol em suas mãos. Normalmente, é nessa etapa que se chama os *eidolons* pelo nome para ajudar no trabalho, se desejado.

Etapa 5: quando tiver alcançado o que acredita ser a massa crítica, diga as seguintes palavras propositalmente:

> *Assim reunidos, eu lhes ordeno que saiam e se manifestem. Vão em frente! Iluminem cada fenda da existência e expulsem o ódio. Sigam em frente! Curem as feridas invisíveis infligidas pela malícia errante dos igualmente feridos. Vá em frente e, a cada momento que passa, fique cada vez mais brilhante com o bem que fará! Eu os envio para cá! Façam isso para o bem coletivo e sem prejudicar ninguém. Quando este Círculo for dispensado, sigam em frente!*

Agora, gire o cetro e a mão vazia para fora, fazendo um arco à sua frente até ficar em posição de "T". Ao fazer isso, sinta o orbe de energia que você uniu se expandir, pressionando a esfera de seu santuário por dentro.

Etapa 6: permaneça em postura de T e diga:

> *Quando meus braços caírem, este Círculo não existirá mais, e todas as energias dentro dele poderão seguir em frente com sua intenção. Meus agradecimentos a todos os agentes do Altíssimo aqui presentes. Sigam em paz e zelem por todos que realizam a Grande Obra. Como eu falei, assim eu criei.*

Deixe seus braços caírem ao lado do corpo e visualize o Círculo se dissolvendo, liberando toda a energia reunida em todas as direções. Respire fundo lentamente e coloque o cetro no chão ou em qualquer altar que tenha em seu espaço. Agora, pronuncie uma expressão de encerramento e diga:

Assim é.

Seu ritual terminou.

Os rituais que desenvolver serão muito úteis se forem registrados em detalhes. Ao contrário das informações de um *eidolon*, os rituais que criar devem ser compartilhados livremente com aqueles que precisarem deles, desde que não incluam os nomes dos *eidolons*. Rituais podem invocar *eidolons* nas etapas 3 e/ou 4, ou você pode evitar isso completamente e trabalhar apenas com sua vontade. É benéfico pensar nos *eidolons* como protocolos existenciais ou subconscientes de ajuda que podem ser utilizados para auxiliá-lo. Embora essa ajuda seja excelente, não é estritamente necessária. Como um ritual pode ter qualquer *eidolon* "conectado", por assim dizer, ele é agnóstico e qualquer mago pode usá-lo alterando a linguagem para invocar o *eidolon* ou os *eidolons* de sua escolha ou nenhum.

Forneci aqui um ritual que usa reagentes físicos e uma linguagem elaborada. Isso é uma questão de preferência, pois ajuda muitos a atingir um estado de consciência ritual. Nunca é demais reiterar que isso tudo não passa de adereços, não de necessidades reais.

Os rituais geralmente lidam com coisas como o direcionamento da energia, a representação dos elementos, as ideias de outros reinos da existência, como planos ou dimensões, e estados metafóricos de matéria e energia. Para ajudá-lo a registrar esses rituais em seu grimório, os símbolos de notação podem ser de grande utilidade. Esses símbolos são apenas abreviações para representar conceitos comuns de elaboração de rituais. A seguir, apresentamos uma seleção desses símbolos para ajudá-lo em seu trabalho:

CAPÍTULO 7 | **VIVENDO COMO UM MAGO** | **165**

Símbolos de notação de rituais

Definindo sua prática

Ao longo deste livro, vários termos foram apresentados para os praticantes do grande trabalho que é a magia. Usamos o termo genérico "magista", bem como o termo "adepto", que é definido como qualquer pessoa que tenha passado por esse sistema de magia após o Círculo de Ascensão Concêntrica e começado a trabalhar com *eidolons*. No entanto, incentivo você a desenvolver sua própria nomenclatura para sua prática. Isso inclui os termos que usa para se referir a si mesmo, às suas ferramentas e a qualquer grupo de trabalho que venha a formar. A essa altura, você já desenvolveu seus próprios toques e interpretações personalizados e pode ter começado a ver padrões nas insígnias e rituais que cria. A identificação dessas tendências estilísticas o ajudará a desenvolver um léxico para sua prática.

O idioma é arbitrário; ao contrário da matemática, ele não é universal. Enquanto um item de determinado volume desloca a mesma quantidade de água com qualquer nome, o nome de um item muda de acordo com o idioma, o dialeto, o regionalismo, a gíria e outros fatores. O idioma não é uma medida de existência, como forma e peso. É uma maneira de comunicar conceitos entre seres conscientes que compartilham esse idioma. Faço essa distinção para incentivá-lo a não se prender à terminologia. Por exemplo, alguns magistas discutem se a Arte deve ser escrita como *magicka* ou *mágica*. A ideia aqui é que o uso de um "k" diferencia a arte dos truques de salão praticados por ilusionistas. Não concordo com esse conceito, porque, no meu entendimento, a palavra "mágica" vem do grego "magos", que é derivado do antigo persa *magus*, que descrevia a classe sacerdotal persa, como os Três Magos famosos da Bíblia. A raiz dessa palavra significa algo semelhante a "possuir poder"[7]. Isso significa que a origem da palavra "mágica" era para descrever exatamente o que estamos fazendo aqui, e somente em épocas posteriores ela começou a assumir o significado de

---

7. Online Etymology Dictionary, "Magic," accessed August 2, 2022, https://www.etymonline.com/word/magic.

ilusão de palco. Portanto, escrevo da forma como nos foi transmitida pelos antigos, não adulterada pelas expectativas linguísticas da sociedade vitoriana. Mas reconheço também que essa questão da ortografia quase não importa – se é que importa. Quando falamos de mágica/magicka uns com os outros, todos nós, mágicos, magistas, magos sabemos que estamos falando da mesma coisa, e isso é o que importa.

Da mesma forma, a maneira como define sua prática existe principalmente para ajudar a si mesmo e aqueles com quem trabalha a navegar pelos conceitos centrais de sua prática. Se você deseja se chamar de Bruxo, Feiticeiro, Mago, Sacerdote, Sacerdotisa, Magista, Feiticeiro, Conjurador ou qualquer outra coisa do gênero, isso é inteiramente da sua conta e de mais ninguém, contanto que não desrespeite nenhuma tradição cultural existente na qual não tenha sido iniciado. Entretanto, é importante que tenha uma definição para o termo escolhido por você, que o ajude a explicar seu significado para aqueles com quem deseja colaborar. De minha parte, geralmente me refiro a mim mesmo como "Mago", "Bruxo" ou "Invocador". Você pode desenvolver um grupo de trabalho e esse grupo pode ter sua própria terminologia. Vocês podem concordar entre si em chamar o grupo de "Círculo" e fazer com que todos os membros sejam chamados coletivamente de "celebrantes". Podem também chamar o grupo de "Clube do Livro" e seus membros de "leitores". Na verdade, não existe uma terminologia correta ou incorreta.

Explore sua prática à medida que ela progride, isso ajudará a definir os conceitos principais. Por exemplo, você pode decidir que deseja trabalhar apenas com um subconjunto específico de Espíritos do Outromundo que, para seu entendimento, tenha fortes laços com a natureza, sejam eles definidos por você como inteligências externas ou facetas primitivas internas de sua própria mente. Ou pode decidir que, para se sentir motivado em seus rituais, todos eles devem incorporar matéria vegetal, como ervas, galhos ou flores. Ou que todas as suas invocações de *eidolon* devem envolver uma declaração de agradecimento à terra. Essas são formas de definir sua prática e adaptá-la a você. Explore o que lhe parecer correto durante o trabalho e anote tudo em seu grimório.

Uso de Mantras

Continuando com o assunto da linguagem, vamos discutir os mantras. No sentido védico tradicional, um *mantra* é uma palavra ou frase usada para ajudar na meditação. Em uma linguagem mais geral, é um *slogan* que pode ser repetido para enfatizar uma visão de mundo ou uma crença muito forte, geralmente um aforismo. A maneira como usaremos os mantras aqui está entre essas duas noções. Usaremos mantras para estabelecer rapidamente um estado centrado de permanência e calma.

Existem muitos mantras maravilhosos que podem ser usados, mas eu o encorajo a desenvolver o seu próprio. Uma declaração simples que lembre você de estar presente e consciente, testemunhando o momento atual sem se apegar a nada que deseja possuir ou sem temer algo que queira evitar. Costumo usar o mantra "Eu sou um ser infinito experimentando o que é ser limitado". Isso me lembra que quaisquer tribulações que eu possa experimentar são facetas passageiras deste mundo e só podem atacar minha paz interior na medida em que eu permitir.

Use seu grimório para refletir sobre quais afirmações o faz lembrar de sua própria natureza como uma consciência que percebe além do corpo ou da mente. Quando tiver escolhido uma para experimentar, medite usando um dos exercícios de centralização que encontrou no capítulo 2. Quando tiver terminado a parte de centralização e estiver em um estado tranquilo, repita o mantra que escolheu em voz alta e observe como se sente. Se funcionar para você, isso se compara a uma ondulação pacífica em sua consciência. Não um aumento ou diminuição de sua calma sustentada, mas, sim, uma agitação dentro dela – uma ressonância. Se não parecer correto para você, tente um mantra diferente na próxima vez.

Quando tiver escolhido o primeiro mantra que deseja usar, registre-o em seu grimório. Você pode ter tantos mantras quanto achar útil, mas deve ter pelo menos um de afirmação. E pode repetir esse mantra quando atingir um estado de tranquilidade, permanecendo em meditação com o objetivo de associá-lo a esse estado para que, ao pronunciá-lo no mundo ou simplesmente pensá-lo enquanto respira fundo, ele possa levá-lo a um estado de consciência do momento presente. O mantra deve se tornar o seu atalho para um estado meditativo quando você se sentir perdido. O objetivo, é claro, é permanecer sempre nesse estado, mas pode ser difícil alcançá-lo em meio à agitação da vida moderna.

Repetir seu mantra durante uma meditação curta é um exercício benéfico e pode ser útil usar algum tipo de conta de recitação como auxílio físico. Essas contas são onipresentes nos esforços humanos para marcar versos, geralmente orações. Alguns exemplos de todo o mundo são os japamalas, contas de rosário e o *masbaha*. Eu recomendaria que você produzisse um conjunto de contas de recitação para seus esforços. Para usá-las, segure as contas em uma mão e deslize-as uma a uma pelo polegar e pelo indicador, registrando as repetições do mantra.

Como sempre, recomendo que você faça suas próprias ferramentas ou compre-as de um artesão em vez de procurar um objeto produzido em massa, simplesmente devido ao respeito com que ele já terá sido tratado. Faço meus próprios cordões de 108 contas com um nó entre cada conta. Fios de contas incrivelmente bonitos podem ser feitos de forma muito barata com contas de madeira, vidro ou pedras semipreciosas. Faça experiências com cores e padrões que façam sentido para você. Acho que as contas de 8 milímetros são o tamanho ideal para mim, mas você pode preferir contas de tamanho diferente, dependendo de como elas se sentem em suas mãos.

Como criar suas próprias contas de meditação

Para criar suas próprias contas, você vai precisar de:

- Aproximadamente 2 metros de fio de nylon ou seda trançado com 0,8 milímetros de diâmetro.
- 99 ou 108 contas de pedra ou madeira de 8 milímetros com furos grandes o suficiente para caber no cordão, de preferência de 1 mm.

Amarre essas contas juntas, de preferência com um pequeno nó entre cada conta, e depois amarre as duas pontas do fio resultante. Há um diagrama para ajudá-lo nessa tarefa.

A combinação de cores dessas contas é de sua escolha. Fiz muitos conjuntos de contas ao longo dos anos e meu conjunto favorito é de ágata branca simples. Talvez você queira intercalar contas que combinem com as cores dos chacras ou *Sephiroth* em um dos lados do conjunto de contas. Isso é simbolicamente indicativo de sua finalidade e esteticamente agradável.

Se quiser adicionar representações de chacras, mantenha todas as outras contas em uma cor neutra uniforme. Ao fazer o fio, coloque uma conta vermelha como terceira conta e substitua cada terceira conta por uma que corresponda à cor do próximo chacra ascendente, até que todas as sete cores sejam colocadas. Isso deve resultar em um laço que, de um lado, contém cada cor do chacra em ordem crescente de vermelho, laranja, amarelo, verde, azul, índigo e violeta.

Para adicionar representações da *Sephiroth*, use uma cor neutra que não seja preta ou branca para todas as outras contas. Ao fazer seu cordão, a quarta conta deve ser preta. Depois, substitua cada quarta conta por uma que corresponda à próxima cor da *Sephirah* ascendente, até que todas as cinco sejam colocadas. Isso deve resultar em um laço que contém cada cor da *Sephirah* em ordem crescente de preto, roxo, dourado ou amarelo, prateado ou cinza e branco.

Seu fio pode ser usado como um colar quando não estiver em uso. Quando usado desta forma, o padrão de chacra ou *Sephiroth* deve ficar na lateral de sua mão dominante. Como alternativa, o cordão pode ser enrolado em torno do pulso de sua mão dominante e usado como uma pulseira.

Essas contas de recitação, como todas as ferramentas físicas, são aprimoramentos opcionais para sua prática.

Neste capítulo, você aprendeu a observar a si mesmo e a sua prática mágica à medida que elas foram crescendo juntas. Você construiu com firmeza as bases de sua Arte, aprendendo a adaptar e a desenvolver seus próprios rituais, forjar insígnias, definir sua prática e desenvolver ferramentas para ajudá-lo na manutenção diária de sua consciência centrada. No futuro, esse conhecimento será expandido e você vai aprender maneiras mais avançadas de interagir com *eidolons*, criar efeitos sustentados por meio de portais e se conscientizar de que ainda mais entidades habitam seu mundo invisível ou alegórico.

CAPÍTULO 7 | **VIVENDO COMO UM MAGO** | **171**

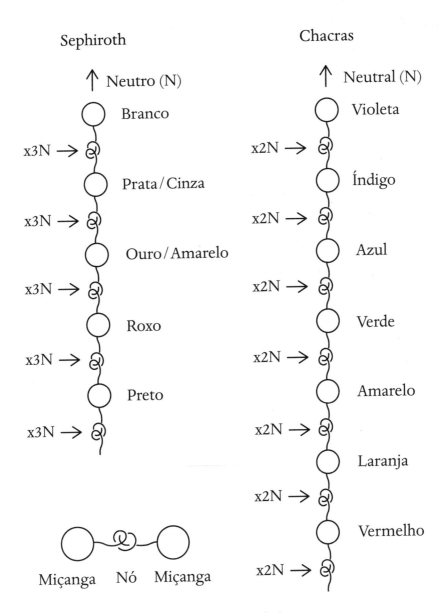

Disposição das contas / miçangas

CAPÍTULO 8

TÉCNICAS PARA O PRATICANTE AVANÇADO

As técnicas a seguir se destinam a expandir seu repertório taumatúrgico com a introdução de novas maneiras de trabalhar com o Exército de sua própria Arca, que é a seção de seu grimório usada para registrar os detalhes dos *eidolons* que você encontrou. A esta altura da jornada, você já deve ter desenvolvido suas próprias insígnias e seus rituais e artes inteiramente novas, adaptadas à sua prática exclusiva. Os exercícios a seguir representam outras maneiras de aprofundar seu envolvimento com a magia e explorar os conceitos apresentados anteriormente. Essas técnicas são explorações opcionais e foram agrupadas na categoria avançada, pois representam conceitos totalmente novos que têm o potencial de redirecionar seu trabalho para novos caminhos.

Várias das técnicas que estamos prestes a explorar não devem ser abordadas levianamente. Elas começam a borrar as linhas entre o mundo interno e o externo e não devem ser tentadas sem antes atingir um estado sustentado de consciência centrada. Como você sabe, a magia envolve o aproveitamento da energia bruta da existência. Quanto mais fundo você entra no rio do arcano, mais poderosas se tornam as correntes e mais centrado deve permanecer em si mesmo para evitar ser arrastado. Os exercícios a seguir representam os arredores da prática facilmente quantificável. Além deles, há uma profundidade insondável de consciência em constante expansão, que pode mudar de forma indelével e inevitável a maneira como você percebe a si mesmo e a noção de existência.

Estabelecendo uma Assembleia

Uma Assembleia é um grupo de *eidolons* que trabalham servindo como conselheiros para o mago, ajudando-o a cultivar certos comportamentos ou práticas. A primeira Assembleia recomendada consiste em três *eidolons*, embora você possa desejar estabelecer mais de uma Assembleia de três. O agrupamento desses *eidolons* depende inteiramente das necessidades de sua prática, mas descobri que uma Assembleia composta por um Espírito do Outromundo, um Celestial e um Primitivo funciona bem na maioria das aplicações gerais. Os três *eidolons* invocados em sua Passagem do Portal do Octadecágono são uma escolha natural para sua primeira Assembleia. Como alternativa, uma vez que tenha uma Arca amadurecida, três Assembleias de três *eidolons* com pontos em comum específicos podem formar um conselho especialmente útil. As Assembleias que invoco com mais frequência sempre contêm pelo menos um Celestial como lembrete de estar trabalhando para atingir metas de natureza aspiracional.

O estabelecimento de Assembleias permite que os *eidolons* envolvidos entrem e saiam de sua vida diária. Por isso, é aconselhável que recorra a *eidolons* que representem e incorporem as qualidades positivas mais elevadas de aspiração para estabelecer uma Assembleia.

Ao estabelecer uma Assembleia, tenha em mente quais palavras do *eidolon* seriam mais bem-vindas em seu dia a dia e quais cursos de ação devem ser sugeridos. Isso é muito parecido com pedir a um *eidolon* que sirva de guia; no entanto, tem mais algumas nuances. Você não está mais pedindo apenas assistência, mas que os *eidolons* trabalhem juntos e harmonizem suas energias para seu benefício. Para fazer isso, entre em seu Templo da Mente e chame cada *eidolon* que deseja convidar para sua Assembleia. Acho melhor visualizar uma câmara específica para este propósito – uma sala de reunião ou câmara de conselho com assentos para cada *eidolon* pode servir. Pessoalmente, costumo visualizar um círculo de tronos sólidos de pedras preciosas suspensos na vastidão do espaço ou um anfiteatro em um templo que flutua em uma ilha no céu.

Nesta câmara, argumente o que deseja cultivar e desenvolver. Isso pode variar de qualidades como paciência, generosidade, disciplina ou amor-próprio, a habilidades tangíveis, como dominar um instrumento musical ou aprender um idioma. Discuta com cada *eidolon* como eles podem ajudar e estabeleça limites sobre quando ou onde você gostaria que eles evitassem dar conselhos. Uma vez que todos estejam de acordo, mas antes de deixar seu Templo da Mente e se separar de sua Assembleia, crie um selo que servirá para convocá-los novamente. De agora em diante, quando desejar realizar uma reunião meditativa formal de sua Assembleia, basta chamá-los usando esse selo em vez de chamar cada *eidolon* individualmente.

As Assembleias não precisam ser estabelecidas para um propósito específico, podem também ser usadas como atalhos para trabalhar com um grupo de *eidolons* com os quais tenha afinidade. Se achar que está trabalhando com mais de um *eidolon* com frequência, a formação de uma Assembleia elimina a necessidade de chamar todos eles individualmente. Essas Assembleia são formadas simplesmente para aconselhamento geral e colaboração.

Além de um selo, talvez você queira atribuir um nome à sua Assembleia para ajudar a chamá-la. Isso não é estritamente necessário, mas pode ser útil se tiver mais de uma. Ao estabelecer uma Assembleia, você deve anotar o selo; o nome, se houver; o objetivo, se aplicável, e os membros em seu grimório.

Convocar uma assembleia é um pouco mais simples do que convocar *eidolons* individuais, pois o trabalho braçal foi feito com antecedência. Todos os membros da Assembleia concordaram previamente em trabalhar juntos e já estão ouvindo atentamente as oportunidades de dar seus conselhos. Sendo assim, você pode simplesmente se concentrar no selo deles enquanto estiver no Templo da Mente e fazer um pequeno anúncio formal do tipo: "Convocação cujo selo está diante de mim, compareça a esta câmara para que possamos nos reunir em boa fé e companheirismo". Se você nomeou a Convocação, refira-se a ela pelo nome. Por exemplo: "Assembleia do Sol Violeta, cujo selo está diante de mim, compareça a esta sala para que possamos nos reunir de boa fé e em comunhão."

O estabelecimento das Assembleias também é uma etapa preparatória para o trabalho altamente avançado que se encontra além do Portal do Octadecágono e nos reinos do Exército Externo. Especificamente, a pessoa pode funcionar como um nexo, formando uma Assembleia entre todos os *eidolons* de seu Exército e permitindo que eles se harmonizem e passem livremente para dentro e para fora da manifestação. Isso requer uma base de confiança e vários anos de trabalho com os *eidolons* de sua Arca. Esta é uma técnica que pode ser discutida em um trabalho futuro.

Depois de aprender a convocar Assembleias, permitindo assim que mais de um *eidolon* mantenha uma comunicação contínua, passaremos à criação de portais. Os portais geralmente empregam um ou mais *eidolons* para vigiá-los, da mesma forma que o *décimo oitavo eidolon* vigia o Portal do Octadecágono.

Criando Portais

Os portais são locais permanentes ou semipermanentes de vontade, onde os efeitos são criados. Enquanto uma insígnia é um acionador instantâneo único de um efeito predeterminado, os portais são epicentros de efeito persistentes e duradouros. Isso pode significar que eles estão sempre ativos ou que permanecem inativos e são ativados em determinadas condições. A maioria dos *eidolons* é capaz de tomar decisões conscientes sobre quando uma condição predeterminada foi realmente satisfeita. Anteriormente, equiparamos as insígnias aos feitiços. Aqui, também podemos equiparar os portais a amuletos, talismãs ou qualquer outro encantamento de itens e locais.

Um portal programa sua vontade sobre a realidade através de um ponto focal de energia autossustentável. Esse é um padrão de energia que você vai criar e carregar da mesma forma que fez com seus cetros. Esse padrão de energia será representado em seu grimório por seu próprio selo, que deve sugerir, por meio de sua sensibilidade artística, o fluxo desse padrão de energia, bem como seu propósito. Essas duas tarefas, manifestar seu padrão de energia e documentar o design e a finalidade do portal, são etapas fundamentais da criação de portais.

Ao estabelecer um portal, você deve entrar em um estado concentrado e consciente, sentindo o fluxo de energia através da coluna central com a qual já está familiarizado. Concentre-se na energia que flui através de você e estenda a mão dominante, manifestando o seu Cetro Mágico.

Ao sentir o propósito do seu portal ressoar em você, visualize linhas de luz se estendendo do seu cetro e tecendo o padrão do portal no ar a sua frente. Talvez você esteja criando um portal para colocar em um amuleto de proteção ou para afastar vontades negativas de uma casa. Deixe o portal assumir a forma de seu propósito.

Quando o portal é criado e documentado em seu grimório, a próxima etapa é aplicá-lo a algum tipo de objeto ou espaço. Há duas maneiras de fazer isso. A primeira é simplesmente visualizar e sobrepor o portal no alvo desejado e, em seguida, imaginá-lo manifestando seu próprio pequeno pilar de luz através de seu centro, direcionando-o, essencialmente, para se conectar à energia ambiente da existência, sustentando, assim, seu efeito de forma independente. A segunda maneira é chamar um *eidolon* e pedir a ele para administrar o seu portal, fazendo com que ele seja ativado ou mude seus efeitos com base nos critérios que indicar, ou simplesmente para que renove sua potência caso o portal comece a enfraquecer. Um *eidolon* pode manter sua atenção em um número muito maior de tarefas simultâneas do que um ser fisicamente encarnado.

Os portais variam em duração e força com base na convicção depositada em sua criação e na complexidade de seu propósito. Quanto mais difícil for a tarefa de um portal, mais provável será que ele precise ser renovado periodicamente. Da mesma forma, quanto mais casualmente o portal for feito, mais provável será que ele precise ser renovado em pouco tempo. Não se deve criar portais se não estiver disposto a isso; esses portais serão efêmeros, na melhor das hipóteses.

Embora não seja estritamente necessário usar representações físicas dos padrões dos portais em si, pode ser benéfico e esteticamente agradável representá-los no item ou na área de efeito. Isso pode se manifestar de forma tão simples quanto desenhar o padrão do portal em um pedaço de papel e fixá-lo em uma parede, ou de forma tão complexa quanto gravá-lo em um pingente ou esculpi-lo em uma pedra. Os portais também podem ser usados em potentes tatuagens protetoras ou fortalecedoras.

Portais têm a ver com as condições energéticas de uma âncora específica no espaço, seja um lugar, seja um objeto físico. Eles não estão desvinculados da fisicalidade nem são capazes de atravessar o espaço-tempo sem impedimentos, como algumas outras entidades. Muitas vezes, eles podem atrair ou repelir entidades protoconscientes conhecidas como "Vestígios", que discutiremos agora na próxima seção sobre ressonância tonal.

Ressonância Tonal

A prática da ressonância tonal é talvez o único exercício deste livro que pode exigir estritamente o uso de uma ferramenta física. Isso só pode ser evitado se você tiver uma afinação perfeita e puder cantar ou assobiar uma escala absolutamente precisa de algum tipo. A ressonância tonal é uma técnica que se baseia no princípio de que as forças internas e externas respondem a vibrações. Neste caso, são essas vibrações que se manifestam como som audível.

Para elaborar sobre a utilidade dessa técnica, é necessário discutir um novo conceito. Vamos conhecer a ideia de "Vestígios".

Vestígios não são *eidolons*. Enquanto um *eidolon* é uma inteligência que se automanifesta, seja uma consciência externa sem corpo, seja uma faceta interna do subconsciente, dependendo do seu paradigma, um Vestígio é uma cadeia rudimentar de emoção ou inspiração que não se manifesta em uma forma que possa ser comunicada linguística ou simbolicamente. Vestígios são padrões de energia que se comunicam com ondas de emoção, explosão de intuição ou trechos de melodia e padrões de som ou luz. Ao contrário de um *eidolon*, com o qual se pode ter uma comunicação coerente e até mesmo linguística, os Vestígios simplesmente emitem o sinal escolhido de forma repetitiva, a menos que recebam uma entrada tonal que possa fazer com que o alterem. Vejo os Vestígios de forma muito semelhante a águas-vivas flutuando em um vasto mar de energia. Dependendo do seu paradigma, você pode vê-los como padrões internalizados e hábitos arraigados ou como formas-pensamento protoconscientes energéticas literais.

A ressonância tonal usa notas claras para influenciar os movimentos dos Vestígios, que podem se alojar em lugares, tanto no mundo quanto na psique, e devem ser incentivados a continuar em seu caminho. Caso contrário, eles criarão padrões nos quais aqueles que não estão em um estado centrado podem ficar presos. Os Vestígios geralmente se prendem a locais onde padrões de comportamento ou emoções específicas foram repetidos por longos períodos de tempo.

As ferramentas para ressonância tonal são muitas e qualquer instrumento portátil pode ser suficiente. Se você ainda não tem inclinação para a música, eu pessoalmente recomendo uma kalimba por sua facilidade de uso e portabilidade. Alternativas mais elaboradas são conjuntos de sinos, diapasões ou tigelas de canto. Qualquer instrumento portátil que possa produzir notas consistentes e claras em uma escala discernível é adequado. Se você é – ou deseja se tornar – proficiente musicalmente, acho que os sopros de madeira tradicionais são especialmente adequados para essa técnica. A capacidade de captar mudanças tonais sutis por meio da respiração aprimora muito essa modalidade. O xiao, a quena, o shakuhachi, o bansuri, a flauta anasazi e muitas outras flautas semelhantes de madeira ou bambu são excelentes companheiros para esta técnica. Essas flautas, se tiverem o tamanho adequado e forem suficientemente resistentes, também podem funcionar como cetros utilitários de artifício.

A ressonância tonal pode ser usada tanto para detectar quanto para pastorear Vestígios. Para começar, a pessoa deve entrar em estado meditativo enquanto segura o apetrecho ressonante escolhido. Em seguida, é necessário ouvir com o coração, por assim dizer. Pode ser necessário emitir algumas notas de sondagem. O objetivo é sentir os padrões de emoção ou hábitos que permanecem no ar ou na mente e que, uma vez encontrados, possam soar uma nota que pareça corresponder a esse padrão de forma harmoniosa. Isso deve provocar uma mudança que, por sua vez, deve inspirar outra nota. É uma espécie de dança suave – um lento chamado e resposta – quanto mais tempo passar, mais calma e fluida será a sensação da presença do Vestígio. Eventualmente, ele pode se desalojar e começar a flutuar novamente ao longo das correntes de energia, desprendendo-se. Neste ponto, você pode deixá-lo flutuar por conta própria novamente ou tentar direcioná-lo de maneira simples.

Os Vestígios não são capazes de falar; eles são formas primitivas e rudimentares de consciência. Da mesma forma que um cogumelo ou molusco existe em um estado que desafia a classificação rígida de planta ou animal, um Vestígio também existe em uma junção nebulosa antes que a energia seja definida como consciente ou não consciente. Você pode tentar transmitir pedidos simples, como pedir para ele ficar por perto ou sair dessa área, mas isso é mais parecido com a emissão de um sinal de atração ou repelência do que com um pedido verbal.

Atribuir intencionalidade a um Vestígio seria negligente. Eles não tomam decisões. Eles existem em um estado de consciência alienígena a partir do qual podem responder a estímulos sônicos e/ou energéticos. Desta forma, seria irresponsável se referir a eles como possuidores de manifestações desenvolvidas de vontade, como malevolência ou benevolência intencionais. Eles têm efeitos sobre as áreas e sobre as pessoas que habitam essas áreas com eles. Os gases venenosos são prejudiciais, mas não podemos chamá-los de inteligentemente maus. A penicilina é benéfica, mas não podemos atribuir a ela uma vontade de fazer o bem. Da mesma forma, os Vestígios podem ter efeitos prejudiciais ou úteis nas áreas em que permanecem, mas não podemos atribuir a eles filosofias morais tão complexas como o bem ou o mal. Lembre-se disso ao interagir com eles.

A ressonância tonal também pode ser usada para interagir com locais naturais de energia e outras formas de energia persistentes que podem ser despertadas com sequências harmônicas. Certos portais podem ser ativados por melodias e você pode criar seus próprios portais para responder a notas ou padrões musicais, se desejar. A ressonância tonal é uma prática artística e altamente matizada, mas se mostra incrivelmente útil para a comunicação com padrões energéticos e entidades que talvez não entendam as formas linguísticas de comunicação.

Ao longo das mesmas avenidas conceituais habitadas por Vestígios, encontra-se o conceito de bloqueios energéticos, ou locais onde o fluxo de energia, os padrões infinitos do mundo invisível, tornam-se emaranhados e estagnados. Esses bloqueios são áreas não conscientes de peso. São locais onde houve má intenção ou tragédia. Muitas vezes, eles atraem Vestígios maléficos como faróis.

Ao se deparar com um bloqueio, é necessário tentar dissolvê-lo. Essas áreas estagnadas não são saudáveis para o fluxo de energia e para os seres que as encontram. Muitas vezes, o trabalho de dissolução de bloqueios exige que primeiro desaloje os Vestígios atraídos por esses bloqueios. Isso pode ser feito da maneira descrita anteriormente. O bloqueio em si pode ser visto como um nó complexo ou uma caixa de quebra-cabeça. Você deve desvendar seus padrões com a sua vontade e direcionar a energia até que ele se desfaça com um grande suspiro energético. Muitas vezes, isso pode exigir várias tentativas com a ajuda de vários *eidolons* ou colegas magos, mas não deixa de ser um trabalho significativo que abre espaço para a manifestação de novas maravilhas.

Meditação Auditiva

Uma maneira de se sintonizar com a presença ou a passagem de Vestígios e com a proximidade de bloqueios é aprender a ouvir profundamente. Você já vem cultivando essas habilidades com seu trabalho com os *eidolons*, mas na seção a seguir será apresentada uma meditação criada para aprimorar suas habilidades de escuta esotérica, não com os ouvidos, mas com um sentido além deles.

A meditação da escuta, que também chamo de "Meditação Imanifesta", é uma prática que, segundo minha teoria, seria melhor ser feita em uma câmara de privação sensorial. Infelizmente, poucos de nós têm acesso imediato a esse tipo de ambiente, portanto, temos de nos contentar com o que temos. De minha parte, uso um par de tampões de ouvido, uma máscara de dormir bloqueadora de luz e uma cadeira reclinável. Se você fizer essa meditação, certifique-se de que está em um local seguro e que ainda possa ouvir notificações de emergência, como o alarme de incêndio. Recomendo que não deixe velas ou incensos acesos nem nada no forno.

A ideia por trás dessa meditação é que, quando os sentidos do corpo físico são amortecidos ou ignorados, outros sentidos mais sutis podem ser empregados. Cheguei a essa meditação, porque sempre fui capaz de ver certos padrões de energia que não consigo explicar completamente. Durante minha infância, passei muitas e longas horas observando esses padrões e como eles reagiam ou deixavam de reagir a vários estímulos. Concluí que não eram meus olhos que estavam vendo esses padrões, mas algum outro sentido para o qual minha percepção visual das coisas ao meu redor oferecia informações concorrentes.

Com o passar dos anos, aprendi a navegar pelo mundo com essa sobreposição à minha visão e muitas vezes quase não a percebo durante minhas tarefas diárias, a menos que me concentre nela deliberadamente. Suponho que estou vendo algum tipo de energia, mas também pode ser uma anomalia médica não identificada; não confesso que tenho todas as respostas. Tenho perguntas demais para que esse seja o caso. Você vai descobrir que quanto mais coisas estranhas e incríveis vê, menos vai presumir saber e mais perguntas terá.

Da mesma forma, em meditação profunda, às vezes ouço um som de toque ou de chiado. A origem é desconhecida para mim, mas o som é agradável e calmante. Essas experiências me inspiraram a desenvolver a meditação de privação sensorial para simplesmente ouvir a existência e ver a energia ao meu redor. Esta meditação existe para levá-lo a um lugar de total receptividade, eu a considero uma técnica avançada, porque envolve o esvaziamento total do recipiente de sua mente.

Praticar esta meditação é tão simples quanto encontrar um local escuro e assumir uma posição confortável para relaxar o corpo e limpar a mente. Use uma venda nos olhos e tampões de ouvido e comece respirando profundamente e expirando lentamente enquanto se concentra em cada grupo muscular do corpo e relaxa cada um deles. Em seguida, procure evitar seus pensamentos. Não force isso. Quanto mais se forçar ao vazio, mais cheio ele fica de frustração. Simplesmente observe cada pensamento errante à medida que ele entra em sua mente e veja-o passar. Não se apegue a ele, mas também não o despreze. Apenas deixe-o flutuar em seu próprio tempo. Continue assim até que não haja mais pensamentos no horizonte. Neste momento, ouça, respire com firmeza e espere.

Não posso dizer o que vai ver ou ouvir no momento da meditação, porque ela será única a cada vez. Às vezes, ela lhe proporcionará apenas relaxamento e, às vezes, visões, histórias, sons e emoções. Só posso garantir que será necessário praticar para atingir um estado de receptividade vazia. Você deve anotar tudo o que ocorrer em seu livro de trabalho cada vez que se envolver neste exercício.

Para prepará-lo para o tipo de visões que poderá receber, posso compartilhar um episódio estranho de um dos meus próprios livros de trabalho. Essa experiência ocorreu em uma noite de julho de 2020. Eu tinha acabado de gravar uma etiqueta de bronze para ser usada como âncora de um portal de proteção a ser dado a um amigo próximo e decidi encerrar a noite com uma meditação auditiva. Passei alguns minutos limpando minha mente de pensamentos errantes antes de começar a experimentar uma sensação agradável de sintonia calma com a quiescência. Em pouco tempo eu me vi sentado em uma almofada de lótus esculpida em quartzo brilhante e luminoso, no meio de um vasto rio de grande beleza que se movia lentamente.

Atrás de mim, preso ao meu assento de lótus em sua base, havia uma fina passarela de pedra cinza-prateada. Em minhas visões meditativas, sempre vejo estruturas feitas desse material. A passarela levava a uma margem distante, de onde se erguia um elaborado complexo de templos em um cenário montanhoso de tons de aquarela. Assim como na meditação no reino físico, também me sentei em meditação nesse lótus de cristal em minha visão. Durante essa meditação, todos os pensamentos errantes se transformaram em flores que brotaram de minha testa, flutuaram nas águas e foram levadas para longe.

Com o passar do tempo, uma cobra veio em minha direção na superfície da água. Ela fez um gesto como se fosse atacar, mas depois, vendo que eu não tinha medo dela, enrolou-se ao meu lado no assento. Logo vi peixes na água se reunindo ao redor, salmões e carpas e uma tartaruga de pescoço longo verde nefrita, que se aproximou e descansou a cabeça na base do lótus. Pouco tempo depois, um grou branco atravessou o rio e parou ao meu lado, pousando a cabeça em meu joelho esquerdo e levantando uma perna, em frente à cobra que dormia à minha direita. Vários minutos se passaram até que comecei a ouvir uma música doce flutuando na superfície da água. Isso me pareceu ser um tipo de sinal que fez com que a visão tremeluzisse e retrocedesse, sinalizando o fim da minha meditação da noite.

Compartilho essa experiência para lhe dar uma ideia do tipo de coisas que você pode ver, maravilhosas e estranhas, para que não se assuste se estiver em um estado semelhante de visualização meditativa intensa. A familiaridade com esse tipo de visualização vívida o ajudará a se preparar para a técnica avançada a seguir.

Canalização de Eidolons

Mais uma técnica avançada será transmitida neste capítulo. Na verdade, uma prática final que transmitirei neste livro. Confesso que hesitei em incluir este que considero um limite absoluto desta forma de prática, nesta seção. Depois dela, os limites se dissolvem e as bordas da magia se confundem com a jornada experimental de consciência que é o trabalho verdadeiramente avançado.

Nesta seção, falarei sobre a canalização de *eidolons*, que é a prática de manifestar *eidolons* por meio de seu próprio corpo e permitir que eles falem diretamente por seu intermédio. É algo que não aconselho fazer até que tenha vários anos de trabalho com o *eidolon* que deseja canalizar e, mesmo assim, somente se tiver estabelecido um alicerce de consciência autossuficiente e centrada.

Eu o aconselho a não encarar essa prática de forma leviana. Isso não se deve a nenhuma maldade por parte dos *eidolons* (não acredito que eles sejam capazes disso), mas, sim, ao fato de que os *eidolons* representam forças poderosas de significado subconsciente. Conjurar esse poder – de onde quer que ele resida – e vestir seu manto por um tempo não é, por si só, pouca coisa. Entretanto, ainda maior é a tarefa de tirar esse manto. Sem um centro verdadeiramente inatacável, a pessoa pode facilmente se perder na corrente de uma forma de pensamento profundamente primitivo.

Comecei a praticar a canalização mais cedo do que deveria, pois me envolvi neste trabalho desde muito jovem, tendo-o herdado de encarnações anteriores. Somente com base em experiências anteriores a esta vida – e por pura providência – não me perdi na profundidade das consciências-raiz primitiva que toquei. Como já estou engajado nesta prática há algum tempo, posso alcançar o estado de conduto com muita facilidade e sem muito alarde. É possível manifestar um *eidolon* para transmitir uma mensagem ou uma conversa curta canalizada para um amigo e, em seguida, deixá-lo se dissolver na consciência de fundo com a mesma facilidade. Não faço isso com frequência e não é algo que eu aconselharia a qualquer pessoa que não tenha passado décadas engajada nas práticas detalhadas neste livro.

No entanto, canalizar *eidolons* pode ser imensamente benéfico como ferramenta para ajudar os outros e, eventualmente, para autoajuda também. Quando você começar a canalizar um *eidolon* pela primeira vez, será como surfar uma onda. É por sua vontade que pegará a onda, e será sua a escolha de quando deve parar, mas o tempo entre esses pontos será você se segurando para pegar a onda e as voltas e reviravoltas serão como um borrão. Embora você esteja presente durante a conversa, não se lembrará muito do que foi dito depois.

Eventualmente, você começará a dominar a arte e aprenderá a navegar em cada turbilhão e redemoinho. É neste ponto que você poderá estar presente ao lado do *eidolon* para cada nuance da conversa, se desejar, e se lembrar delas no processo. No entanto, às vezes é melhor se afastar e dar privacidade à pessoa para quem está canalizando.

Para mim, esta é a prática mais difícil de comunicar, pois é a mais sutil e cheia de nuances. Não se trata tanto de um ritual, mas do ato de criar uma porta em sua mente que seja moldada para receber um *eidolon* específico. Além disso, quando o *eidolon* se aproxima por essa porta, é como uma onda bruta de consciência, como se uma represa tivesse estourado a distância e sua tarefa não será apenas resistir à inundação, mas direcioná-la para se condensar e preencher uma única cadeira a partir da qual ele possa conversar por um tempo.

Não posso fornecer um guia passo a passo aqui. A canalização não é algo para o qual todo mundo tem habilidade, e aqueles que a fazem desenvolvem o talento de forma diferente. Posso dizer que o processo começa com o estabelecimento de um forte vínculo com um *eidolon*, recebendo-o como guia e trabalhando com ele com frequência. Depois de estabelecer esse relacionamento, você pode discutir com eles se estariam abertos a trabalhar por seu intermédio nessa capacidade. Eles o guiarão a partir daí.

É impossível listar instruções detalhadas sobre uma técnica que, por definição, deve ser exclusiva para as nuances de sua mente. No entanto, é meu dever informá-lo sobre como se preparar caso suas primeiras tentativas de canalização não derem certo. Felizmente, para canalizar um *eidolon*, é necessário que tenha desenvolvido um vínculo estreito com ele. Desta forma, qualquer *eidolon* que você canalizar terá seus melhores interesses em mente. Ainda assim, por uma questão de cautela, você só deve canalizar em um Círculo e em um estado tranquilo. Mais uma vez enfatizo que você deve ter vários anos de trabalho bem-sucedido com um *eidolon* antes de tentar canalizar, e devo me isentar de toda responsabilidade por quaisquer dificuldades que possa encontrar se ignorar este conselho. Na verdade, como somos todos únicos, não posso assumir nenhuma responsabilidade por sua canalização. Somente você pode julgar se é algo que está pronto e é capaz de fazer. Não faça isso levianamente.

Se você tentar uma canalização e achar que é demais, saiba que pode passar por ela ileso. Um *eidolon* não pode permanecer canalizado por vontade própria. Eles estão lá com sua permissão e sairão no segundo em que essa permissão for revogada. Em geral, eles só desejam se comunicar com clareza. No entanto, se você os canalizou e não estava em um estado de prontidão, a experiência pode ser avassaladora e deixá-lo inquieto após a saída deles, que geralmente se manifesta como ondas de informações sensoriais ou fluxos de pensamentos semelhantes a visões. Para sair desse estado, você vai precisar praticar o exercício de centralização de sua preferência, seguido de várias horas de sono, meditação ou uma atividade de baixo estresse, como caminhar, ler ou praticar uma arte ou um artesanato.

CONCLUSÃO

CONTINUANDO SUA JORNADA PESSOAL

Antes de concluirmos nosso tempo juntos, devo abandonar o esforço de oferecer técnicas para sua leitura e personalização e, em vez disso, embarcar em uma avenida mais ontológica. A esta altura de sua prática, se você estiver lendo e acompanhando os exercícios, provavelmente terá começado a vislumbrar as revoluções inefáveis dos mecanismos de energia que se entrelaçam no cosmos. Elas são vislumbradas não com os olhos, mas com um sentido além do corpo físico, que se origina da própria consciência. Esses padrões são infinitamente complexos, e uso a palavra "vislumbre", porque, em um dado momento, podemos ver apenas uma fração de seu movimento. Os seres humanos não são seres onividentes.

Dito isso, talvez a palavra sintonização seja mais bem usada para descrever o despertar para os padrões que fazem girar as rodas metafóricas do cosmos. Em vez de ver, estamos aprendendo a vibrar com os padrões da criação, que são ao mesmo tempo musicais e matemáticos – geometria ressonante em uma espiral infinita. Aprendemos a surfar nessa espiral, a nos sintonizar e a seguir o refrão. Isso vai além da simples intuição. É harmonia – viver harmoniosamente e agir harmoniosamente. Embora possa ser reducionista, podemos ver todas as ações como harmoniosas ou discordantes do fluxo energético ao nosso redor, e podemos, em nossa esfera limitada de influência, equiparar a ação harmoniosa à bondade e a ação discordante à crueldade, ou talvez simplesmente à falta de bondade.

Além desse entendimento, também podemos aprender a seguir os padrões em direção a resultados benéficos. Quando estamos em sintonia, podemos ser guiados por um pensamento sem voz ao virar em uma determinada rua, ligar para um determinado amigo em um determinado momento e tomar outras pequenas decisões, aparentemente sem importância, que podem enviar ondulações de causalidade dançando no futuro de maneiras que talvez não compreendamos, fazendo diferenças que talvez nunca saibamos. Esse é um trabalho importante. Sintonizar e sempre seguir a ressonância da harmonia. Há uma banalidade tediosa na crueldade e uma previsibilidade no egoísmo de sempre fazer por si mesmo, agarrar-se a si mesmo e escolher a si mesmo. Na bondade, há o ímpeto de fazer maravilhas simplesmente pela beleza que elas podem proporcionar aos outros. A bondade se autoperpetua da mesma forma que a crueldade se autoconsome. Um padrão positivo adiciona exponencialmente, enquanto um padrão negativo subtrai de forma semelhante até se autoconsumir; é entrópico. Sempre buscamos aumentar a soma líquida da beleza. Essas são, obviamente, maneiras redutivas de ver algo complexo demais para ser conceituado adequadamente no pensamento humano.

Como aqueles que se tornam conscientes dos padrões que tecem o cosmos, por mais limitada que seja sua capacidade, é nosso dever nos tornarmos agentes da canção harmoniosa da existência. Acredito que todos nós somos receptivos a esses padrões de alguma forma. No entanto, se não estivermos conscientemente atentos a eles, corremos o risco de nos perdermos em sua propagação. Quando passamos pela vida como sonâmbulos, desconectados de nossos próprios mundos internos e desinteressados no autocultivo, simplesmente nos prendemos a quaisquer padrões com os quais nos sintonizamos em nossos anos de formação e os seguimos para onde quer que nos levem – para o bem ou para o mal. Como magos, procuramos evitar esse tipo de ação. Estamos sempre nos perguntando por que acreditamos como acreditamos, pensamos como pensamos e sentimos como sentimos. Buscamos entender a nós mesmos e, assim, alcançamos a soberania sobre nós mesmos, recusando-nos a simplesmente marchar pela vida, fazendo o que sempre fizemos facilmente, porque sempre o fizemos.

Agora, sua jornada como mago é transcender para um estado em que possamos nos harmonizar com os padrões da existência, para entender e servir melhor à vasta rede de seres que constitui nossa consciência. Fazemos isso por meio da busca de nossa Arte, muitas vezes ao longo de muitas vidas, e seguindo o sussurro, muitas vezes indecifrável da canção da existência, pois ela nos leva a oportunidades de usar nossa arte para resultados benéficos.

Juntos, aprendemos a atravessar o mundo invisível, quer identifiquemos esse mundo como uma rica paisagem interior, quer o vejamos como uma sobreposição de dimensão zero à nossa própria existência física. Nós nos sentimos confortáveis nos espaços liminares da realidade e na companhia dos *eidolons*, com Vestígios à deriva nas correntes da causalidade e bloqueios calcários que se dissolvem à nossa vontade. Há uma paisagem infinita logo além de nossa percepção visual. É um conjunto inumerável de inteligências em uma dança intrincada. Espero tê-lo ajudado a começar a ser receptivo a elas.

Nas páginas anteriores, fiz o possível para equipá-lo com um conjunto de exercícios específicos, uma caixa de ferramentas para desenvolver seus próprios exercícios e um ponto de partida heurístico para explorar suas suposições sobre magia e existência. Afirmo que a busca pela magia deve ser teleológica e que se constrói em torno do significado que você pessoalmente extrai dela. Não posso dizer que não hesitei ao redigir este trabalho. Entendo mais do que a maioria das portas que podem se abrir quando se busca a alta Arte que é a Magia. No entanto, também entendo que, como mago, tenho o dever de compartilhar quaisquer percepções que eu possa ter, na esperança de que elas sejam úteis para alguém em algum lugar. Peço que você pratique com responsabilidade e compaixão consigo mesmo e com os outros. Não se apresse em encontrar uma resposta; deleite-se com a jornada. O conhecimento é como o vinho. Ele precisa amadurecer para atingir qualquer profundidade ou complexidade real. Não fique tão ansioso para chegar a uma conclusão que acabe como suco de uva azedo e arrependimento. Em vez disso, destile três vezes suas teorias até ficar embriagado com a grappa da compreensão.

Este livro foi um exercício para transmitir todos os fundamentos do *paneidolismo*, meu próprio sistema de magia ritual, a você, leitor. Espero fervorosamente que ele o tenha levado a manter seu próprio livro de trabalho bem cheio, e que ele tenha fornecido mais perguntas do que respostas. Espero ter acendido uma chama de curiosidade em vez de simplesmente informar sobre um assunto. Embora eu tenha podido participar da ostentação da sociedade material até o momento, minha paixão sempre foi essa Arte. Acredito que, se mais de nós buscássemos entender além de nós mesmos, o mundo poderia ser um lugar mais agradável para isso.

Peço a você que vá em frente e descubra mais. Há muito a ser experimentado que será exclusivo de sua própria prática, e eu o incentivo a buscar isso em seu próprio ritmo e em seu próprio tempo. Há muita coisa que vivenciei que não é adequada para ser compartilhada em um livro feito sob medida para a introdução deste sistema para iniciantes, para que não dê sabor às suas próprias expectativas, mas espero que você possa discernir algumas delas por si mesmo. Espero um dia compartilhar essas jornadas sobrenaturais com você em outro trabalho – se este que está em suas mãos despertar algum interesse em um maior aprofundamento. Por enquanto, peço que registre suas próprias jornadas para que possa compartilhá-las com seus colegas.

BIBLIOGRAFIA

ECHOLS, Damien. *High Magick: A Guide to the Spiritual Practices that Saved My Life on Death Row*. Boulder, CO: Sounds True, 2022.

GIBRAN, Kahlil. *The Prophet*. New York: Alfred A Knopf, 1923.

MATSUO, Bashō. *Narrow Road to the Interior and Other Writings*. Translated by Sam Hamill. Boston: Shambhala Publications, 2006.

ODIN, Steve. *Process Metaphysics and Hua-Yen Buddhism: A Critical Study of Cumulative Penetration vs. Interpenetration*. Albany, NY: State University of New York Press, 1982.

REGARDIE, Israel. *The Middle Pillar: A Co-Relation of the Principles of Analytical Psychology and the Elementary Techniques of Magic*. St. Paul, MN: Llewellyn Publications, 1970.

SULLIVAN, J. W. N. "Interviews with Great Scientists, Part VI." *Observer*, January 25, 1931.